Dreamer

Oda Tokito

夢《ゆめ》を持《も》つ、夢中《むちゅう》になる、あとはかなえるだけ

車《くるま》いすテニス

小《お》田《だ》凱《とき》人《と》

©Hiromasa MANO

元気《げんき》いっぱい！活発《かっぱつ》な男《おとこ》の子《こ》

速《はや》い速《はや》い！

体《からだ》を動《うご》かすのが好《す》きで、走《はし》るのも得意《とくい》。
保育園《ほいくえん》の運動会《うんどうかい》でも大活《だいかつ》やく。

赤《あか》ちゃん時代《じだい》

生後《せいご》6か月《げつ》のころ。まん丸《まる》な顔《かお》と、くりくりとした目《め》が印象的《いんしょうてき》。

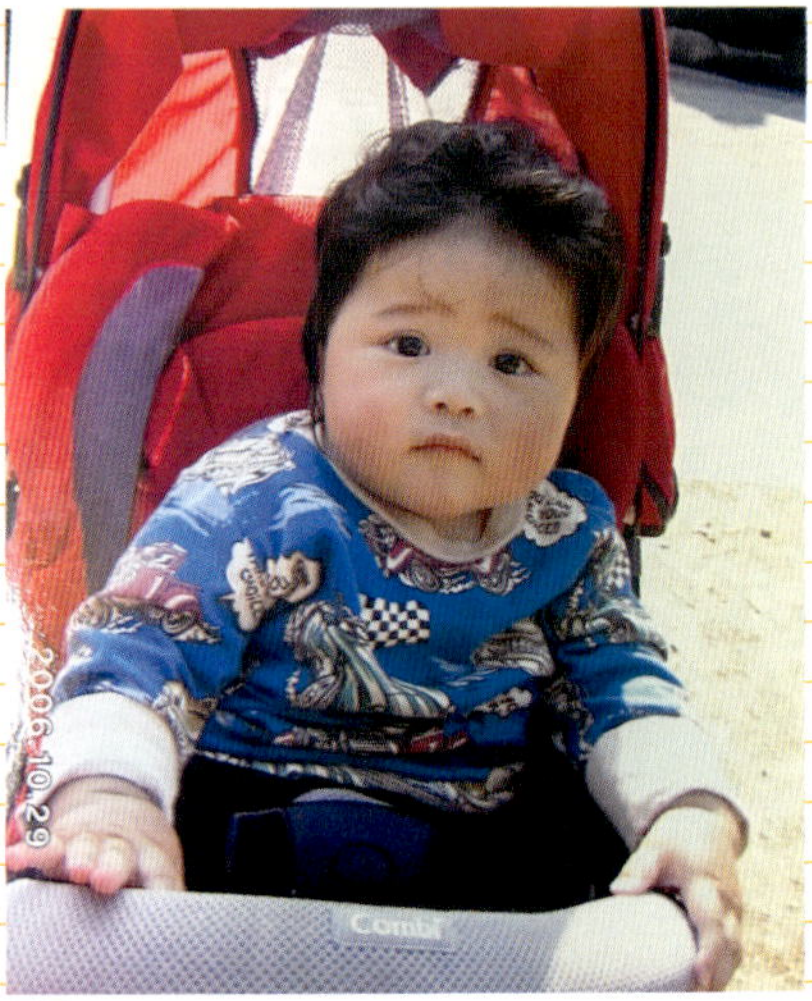

お祭《まつ》りも大好《だいす》き

小《ちい》さなころから、いろいろなイベントや遊《あそ》びを体験《たいけん》してきた。

Dreamer
Oda Tokito

サッカーひとすじの少年《しょうねん》に

3歳《さい》のころからサッカーボールで遊《あそ》んでいた小田選手《おだせんしゅ》。小学生《しょうがくせい》になると、サッカークラブに入《はい》って本格的《ほんかくてき》にサッカーをするようになった。

入院《にゅういん》、リハビリの日々《ひび》

骨《ほね》のがんで入院《にゅういん》

小学《しょうがく》三年生《ねんせい》のときに、「骨肉腫《こつにくしゅ》」という骨《ほね》のがんがわかり、入院《にゅういん》生活《せいかつ》を送《おく》る。抗《こう》がん剤《ざい》の治療《ちりょう》と大《おお》きな手術《しゅじゅつ》を経験《けいけん》する。

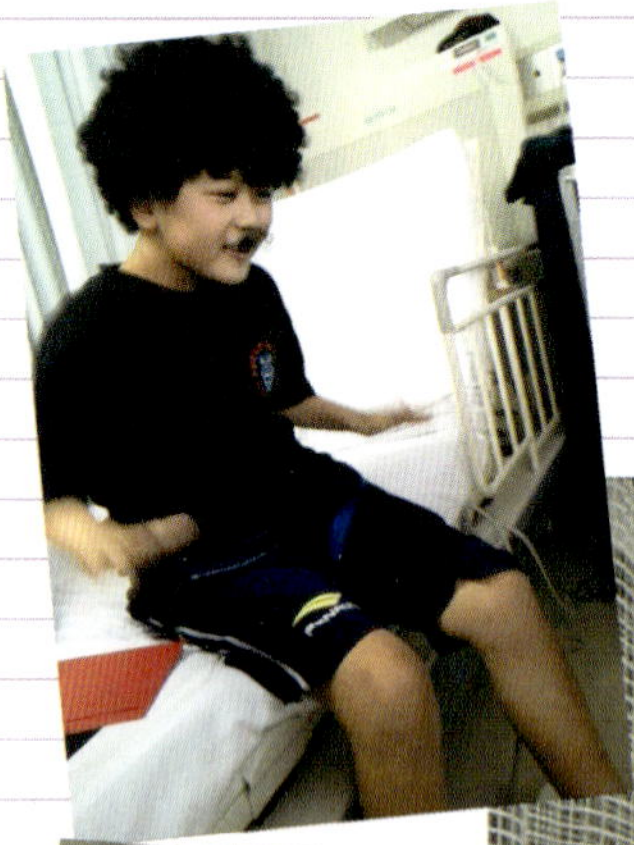

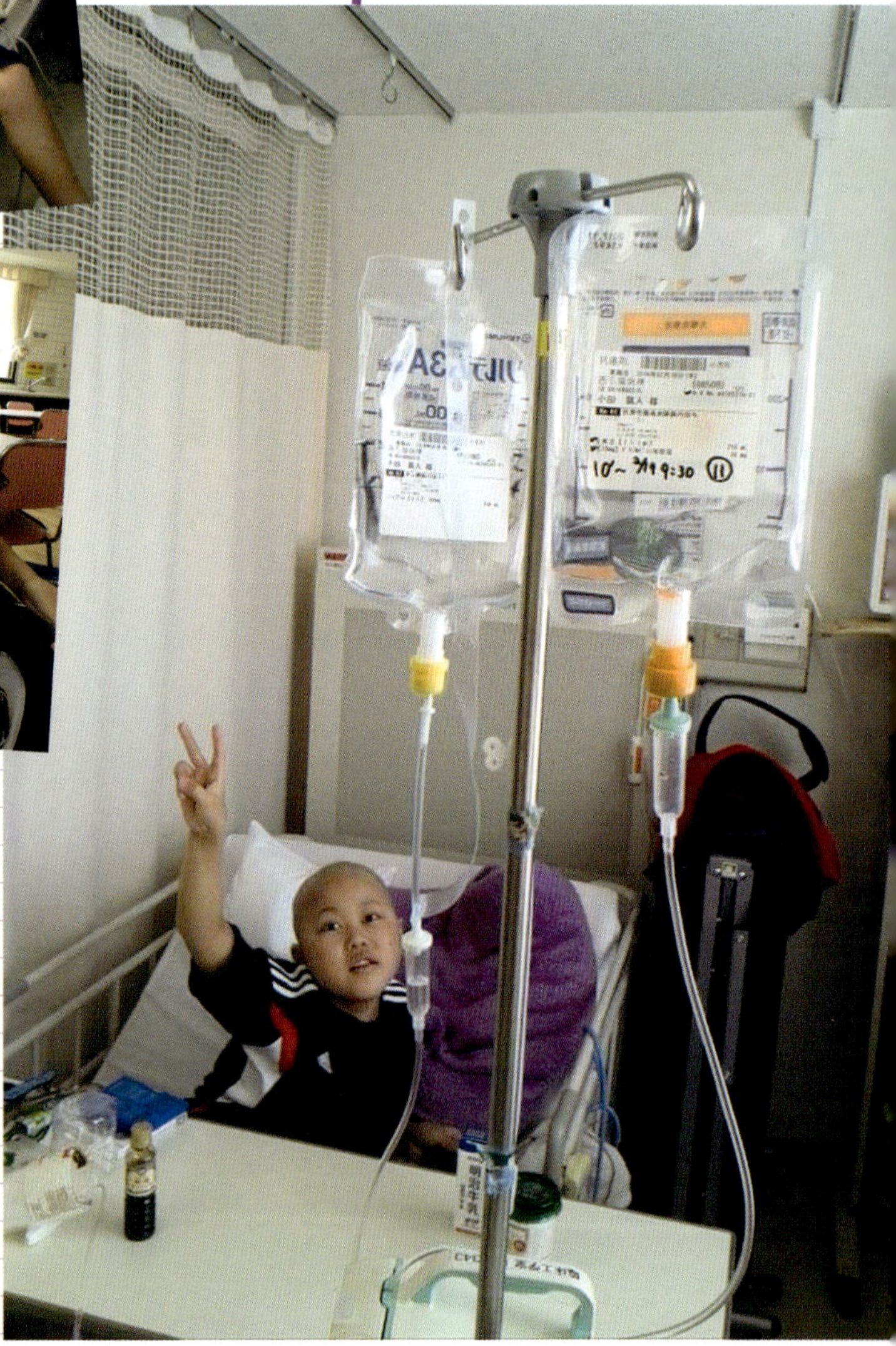

病院《びょういん》でも明《あか》るくて人気者《にんきもの》！

抗《こう》がん剤《ざい》の副作用《ふくさよう》でかみの毛《け》がぬけてしまうが、かつらや付《つ》けひげをつけて、気持《きも》ちを明《あか》るくし、みんなを楽《たの》しませていた。

車《くるま》いすテニスとの出《で》合《あ》い

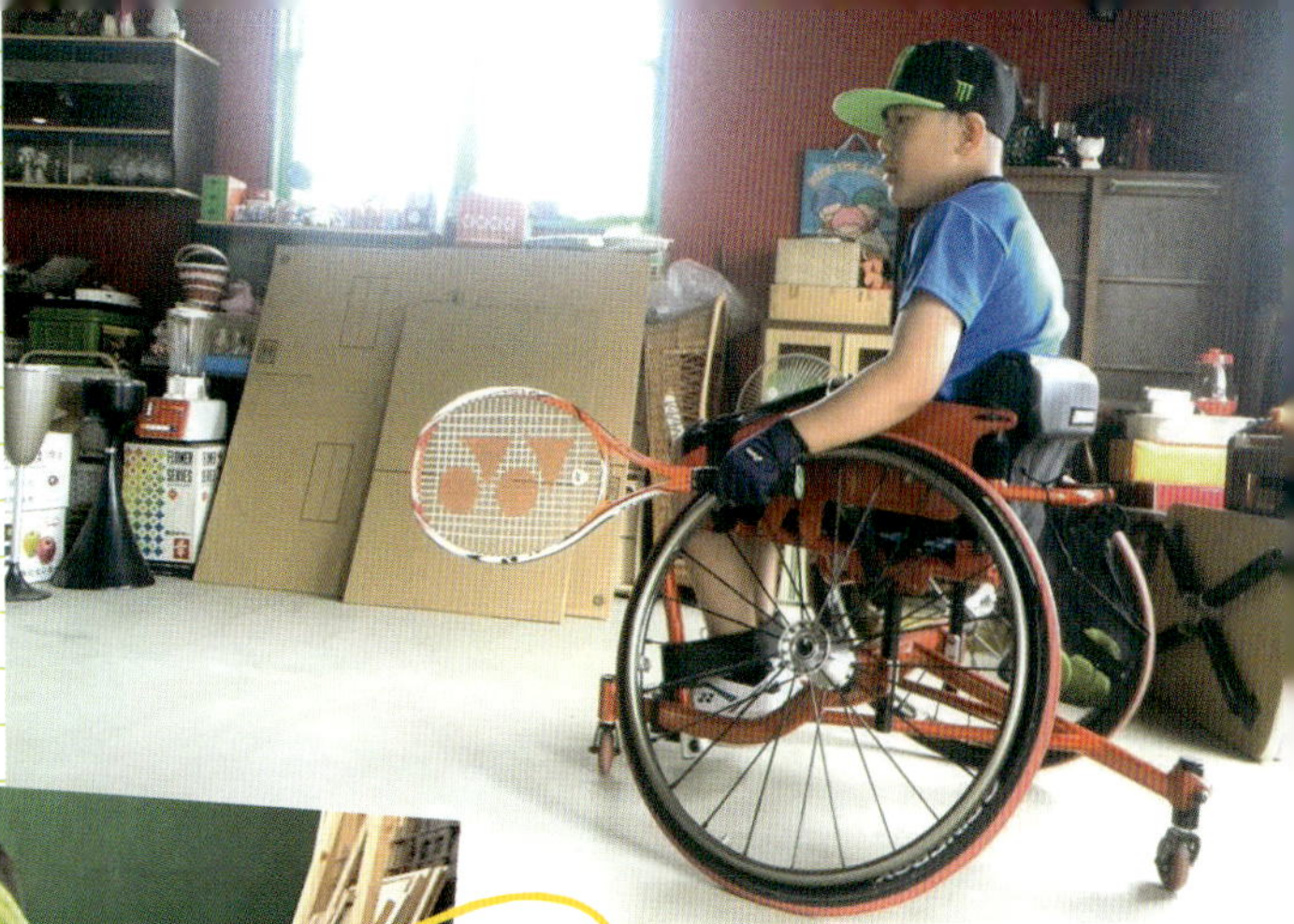

Dreamer

Oda Tokito

車《くるま》いすテニスに出《で》合《あ》って、本《ほん》格的《かくてき》に練習《れんしゅう》を始《はじ》めたころ。ラケットのすぶりや、車《くるま》いすの動《うご》かし方《かた》など、きそ練習《れんしゅう》に夢中《むちゅう》で取《と》り組《く》んだ。

熱《あつ》いたたかいをくりかえして

Dreamer
Oda Tokito

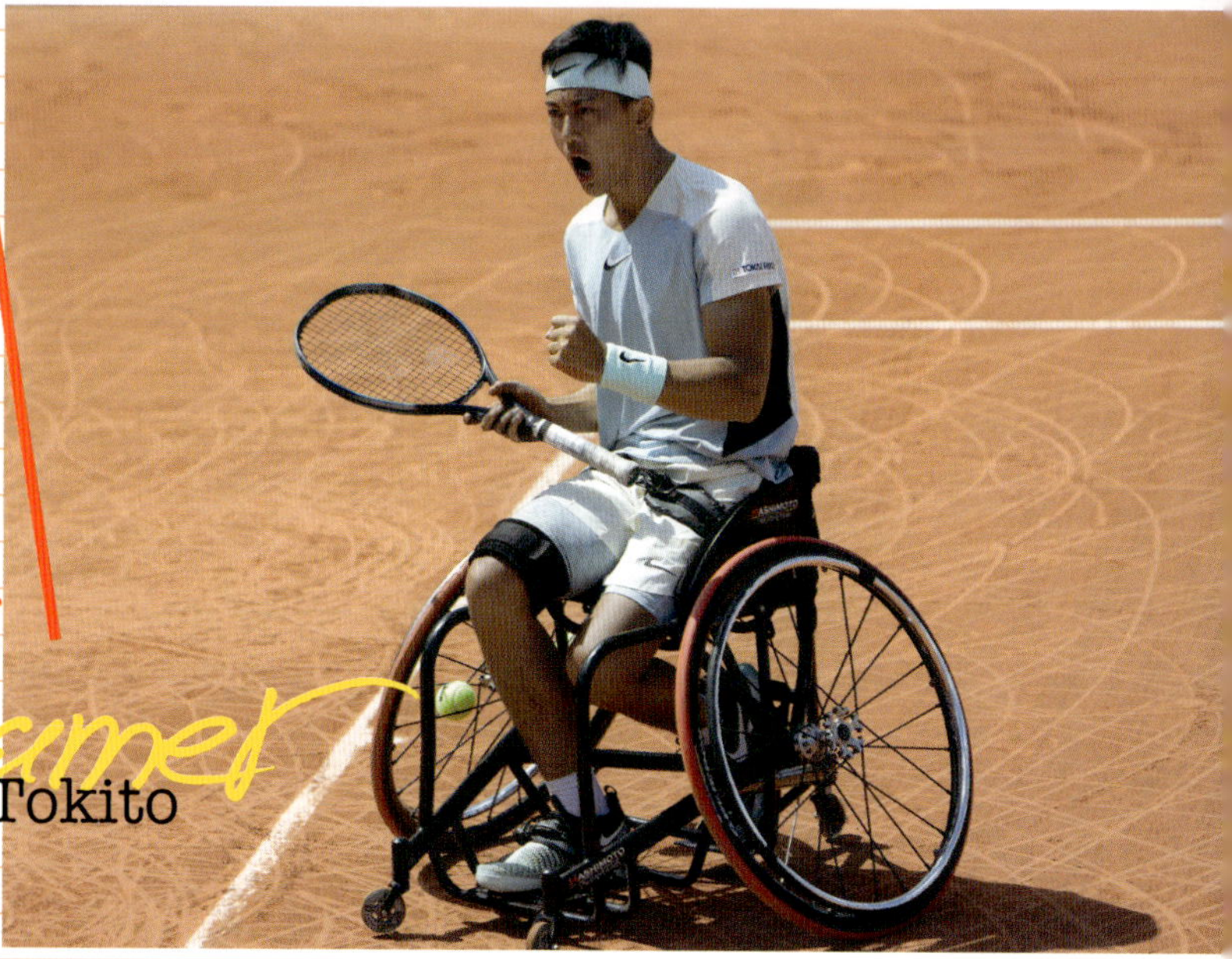

©Hiromasa MANO

16歳《さい》、初《はじ》めての四大大会《よんだいたいかい》に出場《しゅつじょう》

2022年《ねん》、16歳《さい》で全仏《ぜんふつ》オープンに初出場《はつしゅつじょう》。凱人《ときと》の「凱」の字《じ》をもらった凱旋門《がいせんもん》がある、フランスのパリで準決勝《じゅんけっしょう》まで進《すす》み、世界《せかい》をおどろかせる。

あこがれの国枝慎吾選手《くにえだしんごせんしゅ》と熱戦《ねっせん》

2022年楽天《ねんらくてん》ジャパンオープンの決勝《けっしょう》で、車《くるま》いすテニスを始《はじ》めるきっかけとなった国枝慎吾選手《くにえだしんごせんしゅ》と対戦《たいせん》。接戦《せっせん》だったが、おしくも準優勝《じゅんゆうしょう》となり、試合直後《しあいちょくご》にはなみだも。

©Hiromasa MANO (2点とも)

©アフロ

初《はじ》めての四大大会優勝《よんだいたいかいゆうしょう》！

2023年《ねん》の全仏《ぜんふつ》オープンで念願《ねんがん》の優勝《ゆうしょう》！
直後《ちょくご》に初《はじ》めて世界《せかい》ランキング1位《い》になる。
優勝《ゆうしょう》プレートを高々《たかだか》とかかげて笑顔《えがお》。

©Hiromasa MANO

試合中《しあいちゅう》はとうしをむき出《だ》しに

小田選手《おだせんしゅ》は、スピードのある強《つよ》いサーブと、積極的《せっきょくてき》なせめが持《も》ち味《あじ》。プレーが決《き》まりポイントを取《と》ったら気合《きあい》のガッツポーズ！

©Hiromasa MANO

くるくると車《くるま》いすをあやつって打《う》つ

車《くるま》いすを自在《じざい》に動《うご》かして、相手《あいて》の打《う》ったボールに追《お》いつき、打《う》ちかえす。ぎじゅつと体力《たいりょく》、そしてすわったままで打《う》つ強《つよ》い力《ちから》が必要《ひつよう》。

©Hiromasa MANO

©フォート・キシモト

夢《ゆめ》のぶたいへ

Dreamer

Oda Tokito

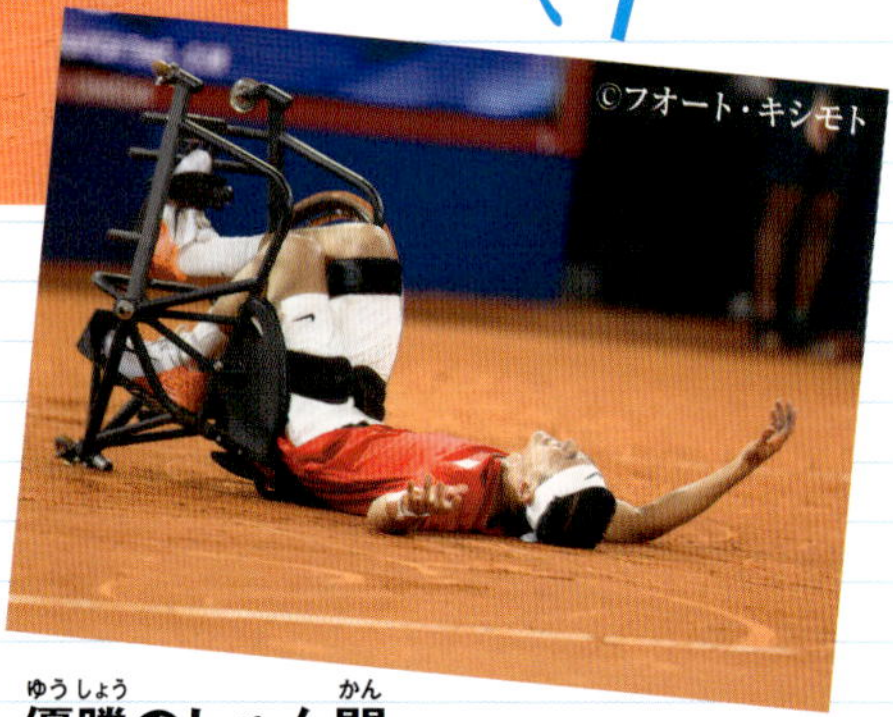

©フォート・キシモト

パリ・パラリンピックで 夢《ゆめ》をかなえる！

2024年《ねん》パラリンピックのぶたいは、あのパリ。大《おお》きなプレッシャーのかかるなか、小《お》田選手《だせんしゅ》は見事《みごと》に金《きん》メダルをかくとくした。

優勝《ゆうしょう》のしゅん間《かん》

「やった！」決勝《けっしょう》で、一時《いちじ》は相手《あいて》にマッチポイントをにぎられるが、ぎゃく転勝利《てんしょうり》を決《き》めた小田選手《おだせんしゅ》は、車《くるま》いすのタイヤを外《はず》して、コートにたおれこんだ。

©アフロ

©アフロ

ライバルとたたえあう

決勝《けっしょう》の相手《あいて》、ヒューエット選手《せんしゅ》とかたをだきあって言葉《ことば》をかわすすがたは、感《かん》動《どう》をよんだ。

夢《ゆめ》を持《も》つ、
夢中《むちゅう》になる、
あとは
かなえるだけ

Dreamer

車《くるま》いすテニス
小田凱人《おだときと》

文《ぶん》・秋山《あきやま》英宏《ひでひろ》

目次《もくじ》

Dreamer Oda Tokito

Dreamer
Oda Tokito

プロローグ
パリ・パラリンピックのげきとう

二〇二四年《ねん》八月《がつ》三十日《にち》、パリ・パラリンピックの車《くるま》いすテニス競技《きょうぎ》が始《はじ》まりました。会場《かいじょう》は、四大大会《よんだいたいかい》の全仏《ぜんふつ》オープンがおこなわれるローラン・ギャロスです。

世界《せかい》ランキング2位《い》の小田凱人《おだときと》は、男子《だんし》シングルスの第《だい》2シード*として大会《たいかい》にのぞみました。第《だい》1シードは、最大《さいだい》のライバル、アルフィー・ヒューエット選手《せんしゅ》（イギリス）です。ヒューエット選手《せんしゅ》はこのとき26歳《さい》、凱人《ときと》は18歳《さい》でした。

大会前《たいかいまえ》に多《おお》くの人《ひと》が予想《よそう》したように、二人《ふたり》は、ばつぐんの強《つよ》さを見《み》せ、1セットも失《うしな》うことなく、決勝《けっしょう》に進《すす》みました。

凱人《ときと》が、決勝《けっしょう》がおこなわれるセンターコート、「コート・フィリップ・シャトリエ」に入場《にゅうじょう》しました。いつものように、晴《は》れ晴《ば》れとした表情《ひょうじょう》です。

ただ、その心《こころ》の中《なか》は、ふだんの試合《しあい》とは大《おお》きくちがいました。試合前《しあいまえ》、トレーニングジムで体《からだ》をほぐしていると、自然《しぜん》になみだがこぼれてきました。

もちろん、勝負《しょうぶ》がこわくて泣《な》いたのではありません。

（いよいよ、自分《じぶん》の夢《ゆめ》に、ちょう戦《せん》するときがやってきた。）

そんなうれしさと、試合《しあい》を前《まえ》にしたドキドキと、おうえんしてくれるみんなへの感謝《かんしゃ》など、いろいろな気持《きも》ちが入《い》りみだれ、なみだがあふれてきたのでしょう。顔《かお》を上《あ》げると、凱人《ときと》のウオーミングアップを見守《みまも》る熊田浩也《くまだひろや》コーチも、やはり目《め》になみだをためていました。

いよいよ試合《しあい》が始《はじ》まりました。凱人《ときと》の、ヒューエット選手《せんしゅ》との対戦成績《たいせんせいせき》は7勝《しょう》8

＊シード…トーナメント戦《せん》で、強《つよ》い選手《せんしゅ》どうしが最初《さいしょ》から対戦《たいせん》しないように組《く》み合《あ》わせを配置《はいち》すること。

敗《はい》。実力《じつりょく》は、ほぼ同《おな》じです。予想《よそう》どおり、試合《しあい》は接戦《せっせん》になりました。勝利《しょうり》の女神《めがみ》は、どちらの選手《せんしゅ》に金《きん》メダルをあたえるか、最後《さいご》までまよっていたのでしょう。最初《さいしょ》のセットを取《と》ったのは凱人《ときと》でした。しかし、第《だい》2セットはヒューエット選手《せんしゅ》も調子《ちょうし》を上《あ》げてきました。このセット、ゲームカウント2―1からの第《だい》4ゲームははげしい競《せ》り合《あ》いになりました。

スコアが40―40になると「デュース」になり、続《つづ》けて2ポイント取《と》らないと、ゲームが取《と》れません。このとき、二人《ふたり》はデュースを10回《かい》もくりかえしました。苦《くる》しみながらゲームを取《と》ったヒューエット選手《せんしゅ》は、まるで試合《しあい》に勝《か》ったように両手《りょうて》をつき上《あ》げてよろこびました。もし、凱人《ときと》が取《と》って3―1となっていたら、ヒューエット選手《せんしゅ》がもりかえすのはむずかしくなっていたでしょう。ピンチを切《き》りぬけたヒューエット選手《せんしゅ》がこのセットを取《と》って、セットカウントは1―1になりました。

試合《しあい》は最終《さいしゅう》セットに入《はい》りました。このセットを取《と》ったほうが優勝《ゆうしょう》です。ヒューエット選手《せんしゅ》のいきおいが止《と》まりません。凱人《ときと》も必死《ひっし》にボールを追《お》いました。

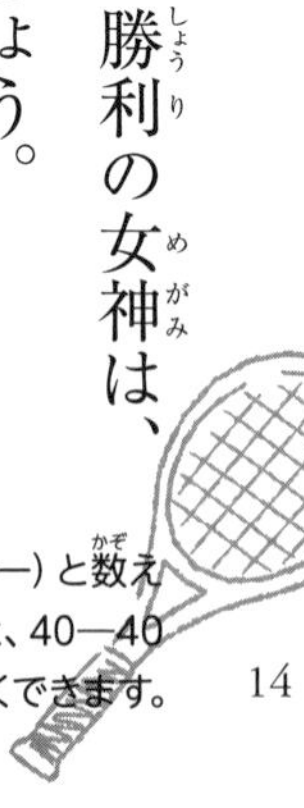

●スコアの数《かぞ》え方《かた》（硬式《こうしき》テニス）①

テニスのポイントは、0（ラブ）、15（フィフティーン）、30（サーティー）、40（フォーティー）と数《かぞ》えていき、40（フォーティー）の次《つぎ》がゲーム、となります。それぞれが、3ポイントずつ取《と》ると、40―40でデュースとなり、その後《ご》、先《さき》に連続《れんぞく》して2ポイントを取《と》ったほうが、そのゲームをかくとくできます。

しかし、テニスの試合《しあい》には「流《なが》れ」があり、それがいったん方向《ほうこう》を変《か》えると、もとにもどすのはかんたんではありません。ゲームカウントは3―5になりました。あと1ゲーム失《うしな》うと、凱人《ときと》は負《ま》けてしまいます。凱人《ときと》にミスが続《つづ》き、カウントは30―40、あと1ポイント失《うしな》えば、ヒューエット選手《せんしゅ》の金《きん》メダルです。

この試合《しあい》のテレビ中継《ちゅうけい》で解説《かいせつ》をしていたのは、東京《とうきょう》・パラリンピック金《きん》メダルの国枝慎吾《くにえだしんご》さんでした。国枝《くにえだ》さんは、見《み》ている人《ひと》の悪《わる》い予感《よかん》を打《う》ち消《け》すように、こんな言葉《ことば》を口《くち》にしました。

「いや、まだわかりませんよ。」

次《つぎ》のポイントは、二人《ふたり》の運命《うんめい》を左右《さゆう》するものになりました。

ヒューエット選手《せんしゅ》が打《う》ったドロップショット*は、少《すこ》しだけラインの外側《そとがわ》に落《お》ちました。あと数《すう》センチずれて、ラインにふれていれば、ヒューエット選手《せんしゅ》の勝《か》ちで、試合《しあい》は終《お》わりでした。しかし、判定《はんてい》はアウトで、スコアはデュースになりました。

「よっしゃあ！」

*ドロップショット…ボールにぎゃく回転《かいてん》をあたえ、相手《あいて》コートのネットぎわに落《お》とす打《う》ち方《かた》。

●スコアの数《かぞ》え方《かた》（硬式《こうしき》テニス）②

いっぱん的《てき》にゲームを6回《かい》取《と》ると、そのセットをかくとくします。ゲームが5―5になると、2ゲーム連続《れんぞく》して取《と》るか、6―6になると、タイブレークといって、7ポイント取《と》った選手《せんしゅ》がセットをかくとくできます。試合《しあい》はいっぱん的《てき》に3セットマッチで、先《さき》に2セット取《と》ったほうが勝利《しょうり》となります。

がけっぷちですくわれた凱人《ときと》の表情《ひょうじょう》に、明《あか》るさがもどりました。ひさしぶりに観《かん》客《きゃく》の声《せい》えんを求《もと》める身《み》ぶりも見《み》られました。

ヒューエット選手《せんしゅ》がドロップショットを失敗《しっぱい》するそのときまで、凱人《ときと》はこう思《おも》っていました。

（負《ま》けるかもしれないな。）

しかし、このポイントをさかいに、凱人《ときと》の予感《よかん》はぎゃくのものになりました。

（相手《あいて》は、こんな大事《だいじ》なところでドロップショットを打《う》ってきた。もしかしたら、ほんとうは強《つよ》く打《う》ちたかったのに、その勇気《ゆうき》がなくて、ドロップショットになってしまったのではないか。せめるためのドロップショットではなく、弱気《よわき》のドロップショットなんじゃないか。だったら、この試合《しあい》、おれの勝《か》ちだ！）

ただ、このあとも、点《てん》を取《と》ったり取《と》られたりが続《つづ》きました。ピンチとチャンスが、目《め》まぐるしく入《い》れかわります。天国《てんごく》か地《じ》ごくか。ここまでは並《なら》んで前《まえ》に進《すす》んできた二人《ふたり》ですが、道《みち》はすぐそこで二つに分《わ》かれます。それが勝負《しょうぶ》のきびしさです。

もっともきんちょうする場面《ばめん》ですが、凱人《ときと》もヒューエット選手《せんしゅ》も、すがすがしい表情《ひょうじょう》をしています。二人《ふたり》とも、集中力《しゅうちゅうりょく》が、きんちょう感《かん》より勝《まさ》っていたのでしょう。デュースを3回《かい》くりかえしたのち、凱人《ときと》がこのゲームを取《と》りました。

「アレ！　トキト！」

いいぞ、行《い》け！　凱人《ときと》、という意味《いみ》のフランス語《ご》が観客席《かんきゃくせき》のあちこちから聞《き》こえてきます。相手《あいて》のマッチポイント*をのがれた凱人《ときと》は、3─5から4─5、5─5、さらに6─5と連続《れんぞく》してゲームを取《と》り、流《なが》れを自分《じぶん》に引《ひ》きよせました。

あと1ゲームで金《きん》メダルです。ベンチでの90秒間《びょうかん》の休《きゅう》けいを終《お》え、レシーブの位置《い ち》に向《む》かう凱人《ときと》は、スタジアムに流《なが》れる音楽《おんがく》に合《あ》わせて体《からだ》をゆすっていました。今《いま》にもおどりだしそうです。試合中《しあいちゅう》の選手《せんしゅ》が、こんなすがたを見《み》せることは、めったにありません。それくらい、気分《きぶん》が乗《の》っていたのでしょう。

凱人《ときと》のプレーは、こうげき的《てき》でした。最初《さいしょ》のマッチポイントは、ミスで凱人《ときと》が失《しっ》点《てん》しました。このパラリンピックでの目標《もくひょう》は「自分《じぶん》らしくあること」です。どんな

*マッチポイント…テニス・たっ球《きゅう》などで、もう1点《てん》取《と》れば勝《か》ちが決定《けってい》する得点《とくてん》チャンス。

場面《ばめん》でもせめる――それが凱人《ときと》にとっての自分《じぶん》らしさです。結果《けっか》はミスとなりましたが、大事《だいじ》な場面《ばめん》だからこそ、自分《じぶん》らしくプレーしたのです。

（おれがやっていることは、まちがっていない！）

自分《じぶん》にいい聞《き》かせて、凱人《ときと》は二度目《どめ》のマッチポイントにのぞみました。そうして、自分《じぶん》を信《しん》じてフォアハンド*でこうげき的《てき》なリターン*を打《う》ちこみました。

ヒューエット選手《せんしゅ》は、せいいっぱいうでをのばして飛《と》びつきましたが、ラケットはしっかりボールをとらえることができませんでした。凱人《ときと》の勝利《しょうり》です。

金《きん》メダルが決《き》まったしゅん間《かん》、凱人《ときと》はラケットを放《ほう》り投《な》げ、フィギュアスケートのスピンのように、その場《ば》で車《くるま》いすをターンさせました。次《つぎ》に凱人《ときと》は、意外《いがい》な行動《こうどう》をとりました。車《くるま》いすのタイヤを外《はず》したのです。車《くるま》いすはバランスを失《うしな》い、凱人《ときと》はコートにたおれてしまいました。

いいえ、凱人《ときと》は自分《じぶん》からコートにたおれこんだのです。このローラン・ギャロス

でおこなわれる全仏《ぜんふつ》オープンでは、優勝《ゆうしょう》した選手《せんしゅ》がコートであおむけになり、土《つち》まみれになってよろこびを表《あらわ》すのが、約束《やくそく》ごとのようになっています。14回《かい》も優勝《ゆうしょう》したラファエル・ナダル（スペイン）も、必《かなら》ずそうして優勝《ゆうしょう》をよろこびました。

しかし、車《くるま》いすテニスで、こんなやり方《かた》でよろこびを表《あらわ》す選手《せんしゅ》はいませんでした。

（これを最初《さいしょ》にやってみたい。）

凱人《ときと》は、優勝《ゆうしょう》して、赤土《あかつち》にまみれてよろこぶ自分《じぶん》のすがたを、あらかじめ想像《そうぞう》していたのです。その凱人《ときと》のもとにヒューエット選手《せんしゅ》が近《ちか》づき、二人《ふたり》はあく手《しゅ》をしました。こうして、試合後《しあいご》に健《けん》とうをたたえあうのがテニスのマナーです。ただ、こんなかっこうであく手《しゅ》をかわした勝者《しょうしゃ》と敗者《はいしゃ》は、これまでいなかったでしょう。

次《つぎ》にヒューエット選手《せんしゅ》は、タイヤを拾《ひろ》って、凱人《ときと》が起《お》きあがるのを助《たす》けてくれました。車《くるま》いすに乗《の》った凱人《ときと》にヒューエット選手《せんしゅ》が顔《かお》を近《ちか》づけ、二人《ふたり》は言葉《ことば》をかわしました。かん声《せい》がすごかったので、ヒューエット選手《せんしゅ》は、さけぶように話《はな》しました。

「この（満員《まんいん》の観客《かんきゃく》が熱《ねっ》きょうしている）空間《くうかん》は、ぼくたちがつくりあげたんだよ。

＊フォアハンド…ラケットを持《も》った手《て》の側《がわ》で打《う》つこと。
＊リターン…テニスでは、いっぱん的《てき》に相手《あいて》のサーブを打《う》ち返《かえ》す1球目《きゅうめ》のこと。

ぼくたちは、信《しん》じられないことをやってのけた。この試《し》合《あい》は、車《くるま》いすテニスの歴《れき》史《し》に残《のこ》るかもしれないね。」

表《ひょう》しょう式《しき》の前《まえ》におこなわれたテレビのインタビューで、凱《とき》人《と》はこうふんをかくそうともせず、こう話《はな》しました。

「やばい。かっこよすぎる、おれ。おれは、このために生《う》まれてきた。」

その後《ご》、試《し》合《あい》の解《かい》説《せつ》をつとめた国《くに》枝《えだ》さんによるインタビューでは、こんな答《こた》えを返《かえ》しました。

「何《なに》かを変《か》えるつもりでここに来《き》ました。変《か》わってくれると信《しん》じていました。（試《し》合《あい》を見《み》て）テニスを始《はじ》めてくれる子《こ》がいるかもしれない。これからも自《じ》由《ゆう》にやって、そのすがたを、もっと多《おお》くの人《ひと》に見《み》てほしいと思《おも》います。」

こうして、凱《とき》人《と》は初《はじ》めて出《しゅつ》場《じょう》したパラリンピックで、金《きん》メダルを手《て》にしました。小《しょう》学《がく》生《せい》のころにえがいた大《おお》きな夢《ゆめ》をかなえ、「子《こ》どもたちのヒーローになる」という目《もく》標《ひょう》を達《たっ》成《せい》したのです。

試合中《しあいちゅう》、広《ひろ》げた両手《りょうて》をあおって、観客《かんきゃく》の声《せい》えんを求《もと》める。 ©アフロ

たおれこんだ小田選手《おだせんしゅ》のもとに来《き》たヒューエット選手《せんしゅ》。
あく手《しゅ》をして小田選手《おだせんしゅ》を助《たす》け起《お》こした。 ©アフロ

Dreamer
Oda Tokito

第《だい》1章《しょう》 将来《しょうらい》を予言《よげん》する名前《なまえ》

凱《とき》人《と》誕生《たんじょう》

二〇〇六年《ねん》五月八日《がつようか》、大《おお》きな体《からだ》の、見《み》るからに元気《げんき》そうな男《おとこ》の子《こ》が誕生《たんじょう》しました。体重《たいじゅう》は4050グラム。日本の新生児《しんせいじ》の平均体重《へいきんたいじゅう》より1キロも重《おも》い、大《おお》きな赤《あか》ちゃんです。

なん産《ざん》で、お母《かあ》さんのおなかから、なかなか出《で》てこなかったため、男《おとこ》の子《こ》はしば

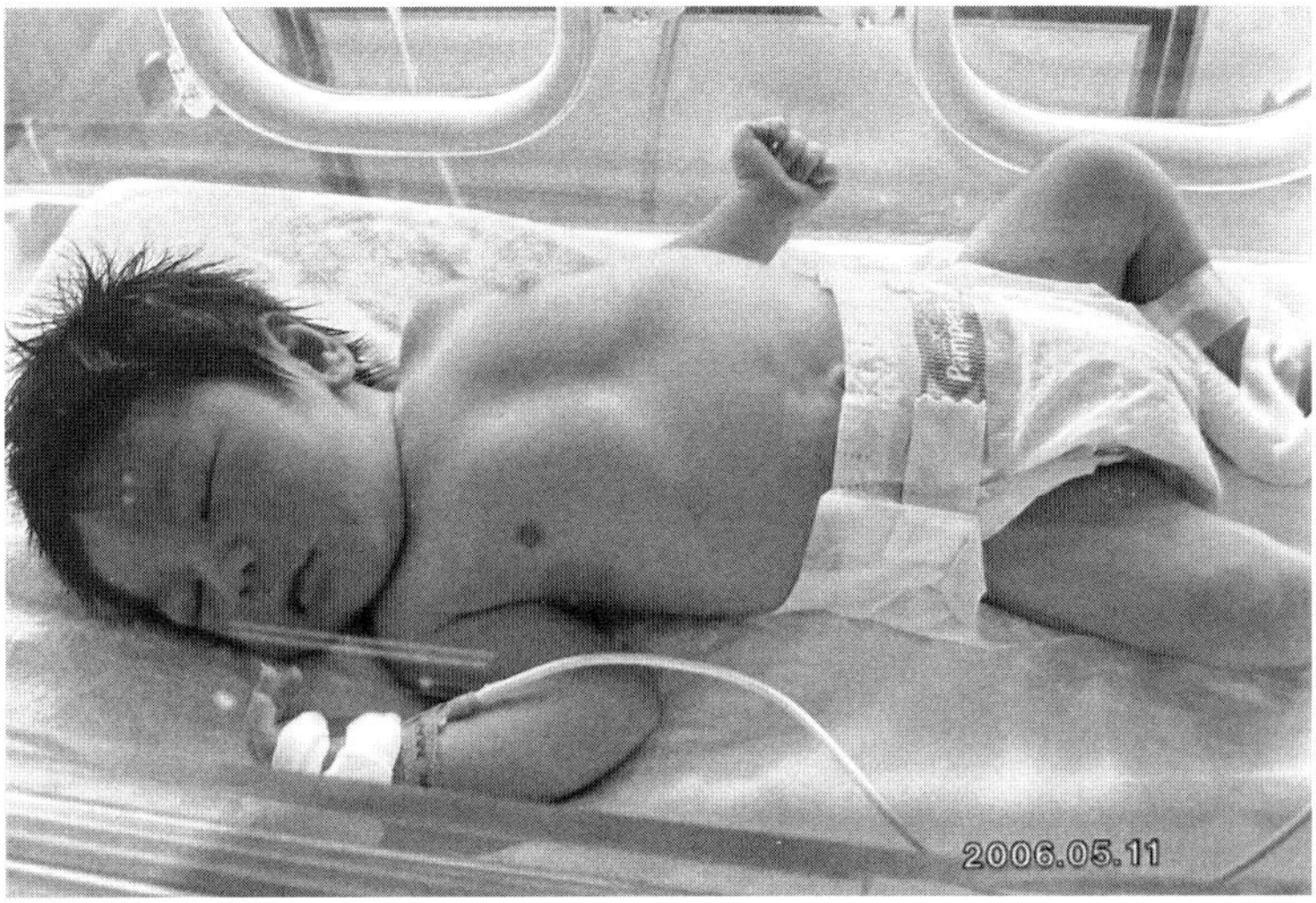

生《う》まれてまだ数日《すうじつ》。保育器《ほいくき》が小《ちい》さく見《み》える。

らく保育器《ほいくき》に入《はい》っていました。体《からだ》が大《おお》きいので、保育器《ほいくき》の中《なか》にいるのが少《すこ》しきゅうくつそうに見《み》えました。

出産《しゅっさん》を担当《たんとう》したお医者《いしゃ》さんは、両親《りょうしん》に、こう語《かた》りかけました。

「このお子《こ》さんには、スポーツをやらせるといいのではありませんか。」

お医者《いしゃ》さんも、男《おとこ》の子《こ》のたくましい体《からだ》と、元気《げんき》さにおどろいていたのです。

15歳《さい》で車《くるま》いすテニスのプロになり、17歳《さい》で世界一《せかいいち》になる小田凱人《おだときと》の誕生《たんじょう》です。

お母《かあ》さんには、初《はじ》めて産《う》んだ男《おとこ》の子《こ》が、

ピカピカ光《ひか》っているように見《み》えました。

「なんだかかっこいいね。ねているすがたが、試合《しあい》をしたあと、ベッドで休《やす》んでいるボクシング選手《せんしゅ》みたい。」

「すごくたくましい赤《あか》ちゃんだな。」

両親《りょうしん》は、赤《あか》ちゃんを見守《みまも》りながら、こんな会話《かいわ》をかわしました。

（大《おお》きくなったら、何《なに》か大《おお》きなことをやってのけるかもしれない。）

保育器《ほいくき》で、すやすやねむる赤《あか》ちゃんの、かがやかしい未来《みらい》が見《み》えるようでした。

今《いま》ではたくさんのファンにおうえんされるテニス選手《せんしゅ》になった凱人《ときと》ですが、いちばん最初《さいしょ》のファンは、両親《りょうしん》だったのです。

男《おとこ》の子《こ》には、「ときと」という名前《なまえ》がつけられました。

漢字《かんじ》では「凱人」。どんな漢字《かんじ》がいいかな、と考《かんが》えたお父《とう》さんは、フランスの首《しゅ》都《と》、パリにある観光名所《かんこうめいしょ》「凱旋門《がいせんもん》」から、「凱」の字《じ》をもらうことにしました。

そののち、17歳《さい》になった凱人《ときと》は、テニスの四大大会《よんだいたいかい》の一つ、パリでおこなわれる

全仏《ぜんふつ》オープンの車《くるま》いすテニス部門《ぶもん》で、初《はじ》めて優勝《ゆうしょう》します。

四大大会《よんだいたいかい》とは、世界《せかい》のテニス大会《たいかい》の中《なか》で、もっとも長《なが》い伝《でん》とうと高《たか》い格付《かくづ》けを持《も》つ、四つの大会《たいかい》です。四大大会《よんだいたいかい》での優勝《ゆうしょう》は、この全仏《ぜんふつ》オープンが初《はじ》めてでした。

そのうえ、その大会《たいかい》のすぐあとに、凱人《ときと》は初《はじ》めて世界《せかい》ランキング1位《い》に、つまり世界一《せかいいち》の車《くるま》いすテニス選手《せんしゅ》になるのです。

（自分《じぶん》の将来《しょうらい》を予言《よげん》したような名前《なまえ》だったのだな。）

全仏《ぜんふつ》オープンで初《はじ》めて優勝《ゆうしょう》プレートを手《て》にした凱人《ときと》は、パリとの不思議《ふしぎ》なつながりを感《かん》じました。そして、凱人《ときと》という名前《なまえ》をつけてもらったことを、運命《うんめい》と思《おも》わずにいられませんでした。

最初《さいしょ》のヒーローは仮面《かめん》ライダーV3《ブイスリー》

凱人《ときと》がテニスのラケットをにぎるのは、まだまだ先《さき》の話《はなし》。最初《さいしょ》に興味《きょうみ》を持《も》ったのはサッカーでした。

凱人《ときと》は、おさないころから、体《からだ》を動《うご》かすのが大好《だいす》きでした。家族《かぞく》は、その場《ば》に、じっとしている凱人《ときと》を見《み》たことがありませんでした。

3歳《さい》ごろになると、サッカーボールで遊《あそ》ぶようになりました。近所《きんじょ》のお兄《にい》さんがサッカーボールで遊《あそ》んでいるのを見《み》たのが、きっかけでした。

両親《りょうしん》にボールを買《か》ってもらった凱人《ときと》は、庭《にわ》や、ときには家《いえ》の中《なか》でもボールをけって遊《あそ》んでいました。

サッカーにかぎらず、凱人《ときと》の両親《りょうしん》は、子《こ》どもが興味《きょうみ》を持《も》ったことなら、なんでもやらせてみよう、という考《かんが》え方《かた》でした。

「おもしろそう。やってみたいな。」

凱人《ときと》が、そう口《くち》に出《だ》せば、必《かなら》ずやらせてくれました。

「やりたいことをやらせてあげるのが、いちばんいい。」

それが小田家《おだけ》の考《かんが》え方《かた》でした。子《こ》ども自身《じしん》の興味《きょうみ》や、好奇心《こうきしん》をとてもたいせつに

してくれたのです。

お父《とう》さんも、やってみたいと思《おも》ったことになんでもトライし、興味《きょうみ》を持《も》ったものごとを、とことん追《お》い求《もと》めるのが大好《だいす》きでした。

サーフィンをしたり、オートバイの運転《うんてん》を楽《たの》しんだり、友《とも》だちとバンドを組《く》んで音楽活動《おんがくかつどう》をしたり。車《くるま》のカスタマイズ（乗《の》り心地《ごこち》やそうびを自由《じゆう》にかえて楽《たの》しむこと）にも、のめりこみました。

お父《とう》さんは、子《こ》どもの凱人《ときと》にも、何《なに》かおもしろいことを見《み》つけ、夢中《むちゅう》になってほしい、と思《おも》っていました。そこで、凱人《ときと》に「これをしなさい」とか、「これをしてはだめだよ」などということは、ほとんどありませんでした。

凱人《ときと》が小《ちい》さいころ、家《いえ》にテレビはありませんでした。両親《りょうしん》にテレビを見《み》る習慣《しゅうかん》がなかったのです。その代《か》わり、お父《とう》さんがさつえいした家族《かぞく》のビデオえいぞうをみんなで見《み》ることが、日課《にっか》のようになっていました。

えいぞうにうつっているのは、おもにふだんの生活《せいかつ》です。凱人《ときと》には二つ年上《としうえ》の姉《あね》と、四つ年下《としした》の弟《おとうと》がいます。三人《にん》の子《こ》どもたちと両親《りょうしん》のくらしを、ありのままにビデオにおさめていたのです。

えいぞうには、きょうだいげんかをする凱人《ときと》のすがたもうつっています。お姉《ねえ》さんも凱人《ときと》も活発《かっぱつ》な子《こ》どもでしたから、二人《ふたり》で遊《あそ》んでいるうちに、いつの間《ま》にか、けんかに発《はっ》てん。毎日《まいにち》がそのくりかえしでした。

お父《とう》さんが子《こ》どものころに見《み》た『仮面《かめん》ライダー』などのビデオをレンタルして、家族《かぞく》で見《み》ることもありました。ですから、凱人《ときと》の知《し》っている仮面《かめん》ライダーは、新《あたら》しいものではなく、シリーズが始《はじ》まったころのものです。

ウルトラマンのフィギュアや仮面《かめん》ライダーの変身《へんしん》ベルトも、両親《りょうしん》が買《か》ってくれました。仮面《かめん》ライダーに登場《とうじょう》する悪役《あくやく》「ショッカー」と同《おな》じデザインの服《ふく》も、凱人《ときと》が買《か》ってもらったものの一つです。

「V3《ブイスリー》、かっこいいな。」

凱人《ときと》にとって最初《さいしょ》の「ヒーロー」は仮面《かめん》ライダーV3《ブイスリー》でした。自転車《じてんしゃ》に乗《の》るとき

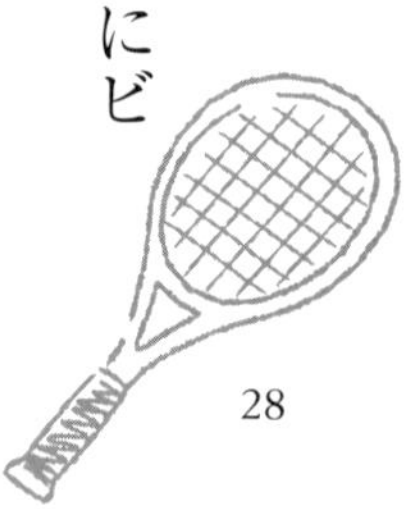

にかぶるヘルメットも、お父《とう》さんが「V3《ブイスリー》」のマスクと同《おな》じように、緑《みどり》と赤《あか》にぬってくれました。凱人《ときと》は夢中《むちゅう》でビデオを見《み》て、悪者《わるもの》と戦《たたか》うヒーローにあこがれていました。

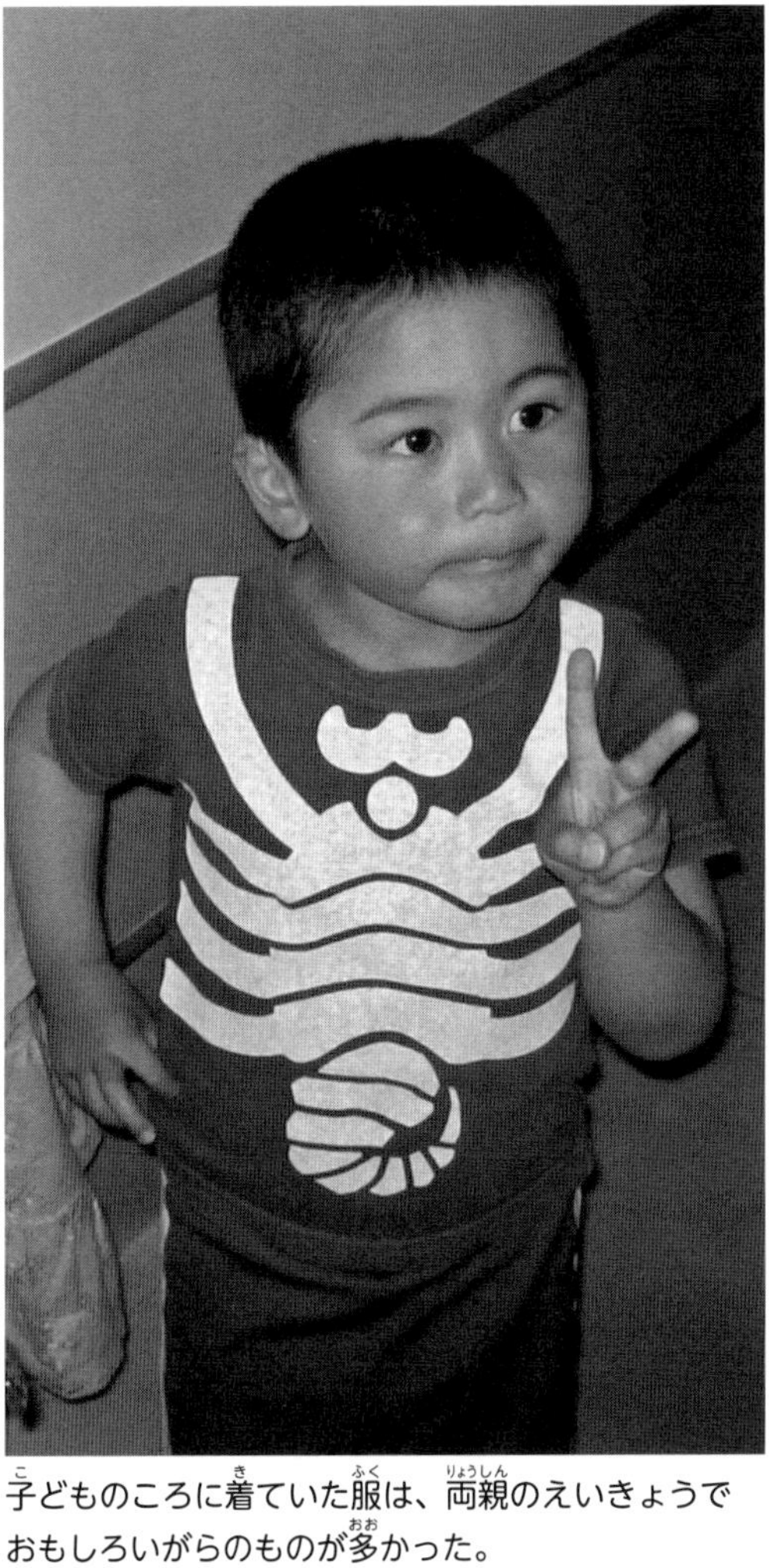

子《こ》どものころに着《き》ていた服《ふく》は、両親《りょうしん》のえいきょうでおもしろいがらのものが多《おお》かった。

ネイマールのようになりたい

保育園《ほいくえん》に通《かよ》うころから、凱人《ときと》は友《とも》だちとサッカーをするようになりました。自転《じてん》車《しゃ》はすぐに乗《の》れるようになって、やがて、＊BMX《ビーエムエックス》にもちょう戦《せん》しました。スケートボードに乗《の》って遊《あそ》ぶこともありました。

でも、凱人《ときと》は友《とも》だちといっしょにできるサッカーが大好《だいす》きでした。

小学校《しょうがっこう》に入学《にゅうがく》すると、本格的《ほんかくてき》にサッカーに取《と》り組《く》みます。最初《さいしょ》は学校《がっこう》の少年《しょうねん》サッカーチームに入《はい》り、その後《ご》、「選手《せんしゅ》コース」のあるFC《エフシー》ディバインというサッカークラブに入団《にゅうだん》して、そこで練習《れんしゅう》をするようになりました。

（めちゃめちゃ、きついな。）

クラブでの練習《れんしゅう》は、小学校低学年《しょうがっこうていがくねん》の凱人《ときと》にとってきびしいものでした。平日《へいじつ》でも3〜4時間《じかん》、週末《しゅうまつ》は朝《あさ》から夜《よる》まで。この練習時間《れんしゅうじかん》の長《なが》さには、おどろかされました。

凱人《ときと》は、ぎじゅつを覚《おぼ》えるために、同《おな》じことをできるまでくりかえす反復練習《はんぷくれんしゅう》が

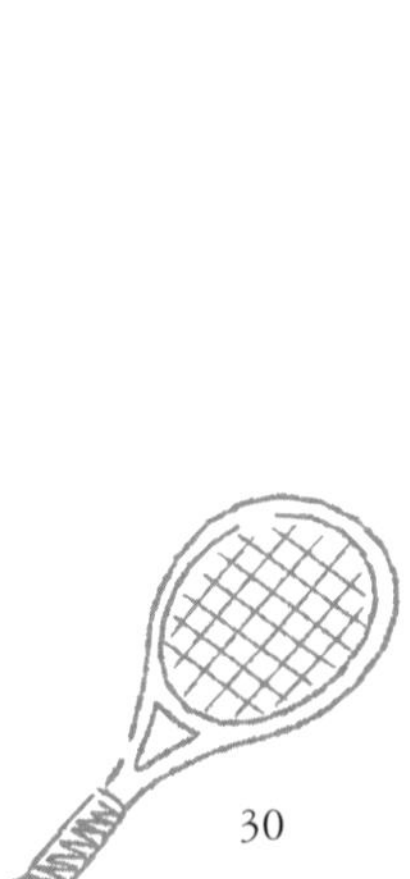

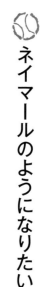

あまり好《す》きではありませんでした。それでも、クラブの「A《エー》チーム」で中心選手《ちゅうしんせんしゅ》になって活《かつ》やくすることを目標《もくひょう》に、一所《いっしょ》けん命《めい》、練習《れんしゅう》に打《う》ちこみました。

チームでは、いろいろなポジションをまかされましたが、凱人《ときと》がいちばんやりたかったのは、こうげきの中心《ちゅうしん》になるフォワードでした。

（ゴールを決《き》めたい。そうして、みんなにたよられる選手《せんしゅ》になりたい。チームの中《なか》で目立《めだ》ちたい。）

その一心《いっしん》で、練習《れんしゅう》にはげみました。点《てん》を取《と》ることだけでなく、凱人《ときと》にはもう一つ、やりたいことがありました。

（みんなといっしょのことをしているのは、いやだな。ちょっと変《か》わったプレーをしてみたい。）

サッカーでは、チームの決《き》まりごとや戦術《せんじゅつ》を大事《だいじ》にして戦《たたか》うことが基本《きほん》ですが、その中《なか》で、そうぞう性《せい》あふれるプレー、意外性《いがいせい》のあるプレーをすることも求《もと》められます。凱人《ときと》にとっては、決《き》められたことをこなすのではなく、自分《じぶん》でくふうして点《てん》

＊BMX《ビーエムエックス》…バイシクルモトクロスのこと。あれ地《ち》を走《はし》るオートバイのレース、モトクロスを自転車《じてんしゃ》で再現《さいげん》した競技《きょうぎ》。または、その自転車《じてんしゃ》。

を取《と》ること、相手《あいて》が予想《よそう》もしないようなプレーをすることも大事《だいじ》だったのです。

（自分《じぶん》のプレーで、みんなをおどろかせたい。）

凱人《ときと》がやりたいことを、実際《じっさい》に見《み》せてくれるサッカー選手《せんしゅ》がいました。ブラジルのネイマール選手《せんしゅ》です。

当時《とうじ》、スペインのチーム「FC《エフシー》バルセロナ」に所属《しょぞく》していたネイマール選手《せんしゅ》こそ、凱人《ときと》が目指《めざ》す、自由《じゆう》で、だれにもまねのできないプレーをする選手《せんしゅ》でした。

（こういうプレーがしてみたいな。）

小《ちい》さいころは、仮面《かめん》ライダーV3《ブイスリー》になりきって自転車《じてんしゃ》に乗《の》っていた凱人《ときと》でしたが、今《いま》のヒーローはネイマール選手《せんしゅ》です。あまりに好《す》きなので、お母《かあ》さんにお願《ねが》いして、ネイマール選手《せんしゅ》と同《おな》じかみがたにしてもらったこともありました。

このころ、凱人《ときと》は小学《しょうがく》二年生《ねんせい》になっていました。

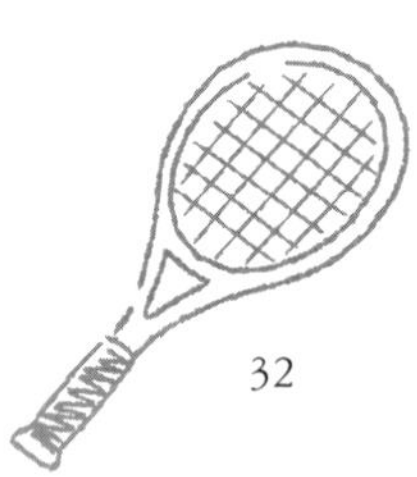

BMX《ビーエムエックス》も大好《だいす》きなスポーツの一つだった。
ヘルメットはお父《とう》さんが色《いろ》をぬってくれたもの。

サッカーの試合《しあい》で、いいプレーができるように、
がんばって練習《れんしゅう》していた。

Dreamer

Oda Tokito

第《だい》2章《しょう》 体《からだ》に起《お》きた異変《いへん》と入院《にゅういん》

消《き》えない左足《ひだりあし》のいたみ

凱人《ときと》は、サッカー選手《せんしゅ》を目指《めざ》して毎日《まいにち》、ボールを追《お》いかけていました。ある日《ひ》のこと、サッカーの練習中《れんしゅうちゅう》に、凱人《ときと》は左足《ひだりあし》にいたみを感《かん》じました。小学校《しょうがっこう》二年生《ねんせい》がまもなく終《お》わろうという、三月《がつ》ごろのことでした。

（筋肉痛《きんにくつう》かな？）

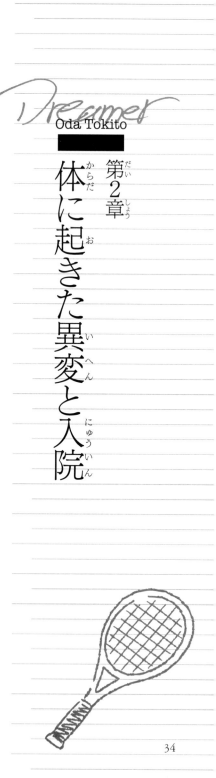

最初《さいしょ》は、凱人《ときと》も両親《りょうしん》も、練習《れんしゅう》のつかれがたまったか、せいぜい筋肉《きんにく》をいためたかくらいで、すぐに治《なお》るものと考《かんが》えていました。

ところが、いたみはなかなか消《き》えてくれません。ぎゃくに、いたみを感《かん》じる回数《かいすう》が少《すこ》しずつふえ、ズキズキするようないたさが、はげしくなっているように思《おも》えました。

その年《とし》の六月《がつ》、凱人《ときと》は初《はじ》めて近《ちか》くの整形外科《せいけいげか》のクリニックでしん察《さつ》を受《う》けました。レントゲン写真《しゃしん》を見《み》たお医者《いしゃ》さんは、こういいました。

「大《おお》きい病院《びょういん》に行《い》って、みてもらってください。」

次《つぎ》に行《い》った総合病院《そうごうびょういん》でも、同《おな》じことをいわれ、せつびの整《ととの》った名古屋大学医学部《なごやだいがくいがくぶ》附属病院《ふぞくびょういん》（名大病院《めいだいびょういん》）でみてもらうことを、すすめられました。

（筋肉《きんにく》をいためただけではなさそうだ。もっと重《おも》い病気《びょうき》なのかもしれない。）

凱人《ときと》は不安《ふあん》になりました。両親《りょうしん》も、凱人《ときと》が心配《しんぱい》でなりません。最初《さいしょ》に行《い》ったクリニックで、レントゲン写真《しゃしん》を見《み》たとたん、お医者《いしゃ》さんが、おどろいたような表情《ひょうじょう》になったことも頭《あたま》に残《のこ》っていました。総合病院《そうごうびょういん》の先生《せんせい》が書《か》いてくれた、名大病院《めいだいびょういん》へのしょうかいじょうには、こんなあて名《な》が書《か》いてありました。

〈大学病院整形外科腫瘍班《だいがくびょういんせいけいげかしゅようはん》〉

お母《かあ》さんは、いてもたってもいられなくなり、インターネットで病気《びょうき》について調《しら》べました。「腫瘍《しゅよう》」の文字《もじ》を入《い》れてけんさくすると、目《め》に飛《と》びこんできたのは、「骨《こつ》肉腫《にくしゅ》」という病名《びょうめい》でした。

（もしかしたら凱人《ときと》は……。）

悪《わる》い予感《よかん》がしてきました。そうして心《こころ》のじゅんびをしたうえで、凱人《ときと》といっしょに名大病院《めいだいびょういん》に向《む》かいました。

（重《おも》い病気《びょうき》ではないといいけれど。）

そう願《ねが》っていたお母《かあ》さんでしたが、お医者《いしゃ》さんから病名《びょうめい》を聞《き》かされると、目《め》の前《まえ》が真《ま》っ暗《くら》になるように感《かん》じました。

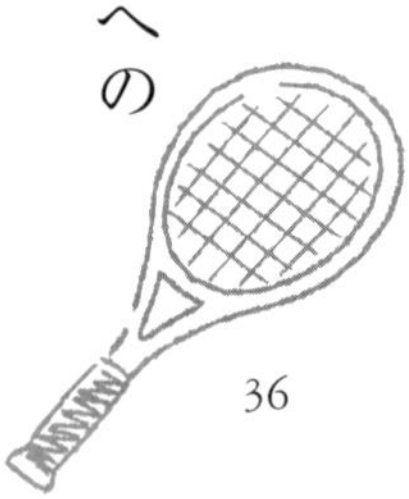

「また、みんなでサッカーしようぜ！」

凱人《ときと》の病気《びょうき》は「左股関節《ひだりこかんせつ》の骨肉腫《こつにくしゅ》」、どう体《たい》と足《あし》をつなぐ関節《かんせつ》の骨《ほね》に発生《はっせい》する悪《あく》性腫瘍《せいしゅよう》、つまり、「がん」の一種《いっしゅ》です。

すぐに入院《にゅういん》して治《ち》りょうを始《はじ》めることになりました。まず、腫瘍《しゅよう》をできるだけ小《ちい》さくするために抗《こう》がん剤治《ざいち》りょうをおこない、それから手術《しゅじゅつ》を受《う》けます。手術《しゅじゅつ》のあとは、けいかをみながら、もう一度《いちど》、抗《こう》がん剤治《ざいち》りょうをおこないます。抗《こう》がん剤治《ざいち》りょうのために、凱人《ときと》は名大病院《めいだいびょういん》から名古屋医療《なごやいりょう》センターに転院《てんいん》しました。

ここでの治《ち》りょうは、たいへんつらいものでした。薬《くすり》を体《からだ》に入《い》れると、はき気《け》におそわれ、それが数日続《すうじつつづ》きます。治《ち》りょうには、かみの毛《け》がぬけるなどの副作用《ふくさよう》もあります。この治《ち》りょうが一〜二週間《しゅうかん》おきにおこなわれました。

（早《はや》く病気《びょうき》を治《なお》して、サッカーがしたい。）

サッカーへの思《おも》いが、凱人《ときと》の心《こころ》のささえでした。お医者《いしゃ》さんから病名《びょうめい》を聞《き》かされ、心配《しんぱい》する家族《かぞく》のすがたを見《み》て、たいへんな病気《びょうき》であることはわかりました。それでも、お医者《いしゃ》さんから、「サッカーはもうできません」という言葉《ことば》は聞《き》かされていません。

（早《はや》く治《なお》らないかな。）

凱人《ときと》は、手術《しゅじゅつ》をして、きちんと治《なお》せば、またサッカーができるものと思《おも》っていました。病気《びょうき》への不安《ふあん》を持《も》ちながらも、もとの体《からだ》にもどると信《しん》じていたのです。

このころの凱人《ときと》の楽《たの》しみは、インターネットなどでサッカーを見《み》ることでした。そうして、もう一度《いちど》、仲間《なかま》といっしょにボールをける日《ひ》を、心待《こころま》ちにしていたのです。

（また自由《じゆう》に走《はし》り回《まわ》れるようになるまで、今《いま》は、がまんだ。）

そう思《おも》えば、つらい治《ち》りょうも、なんとかたえられるような気《き》がしました。

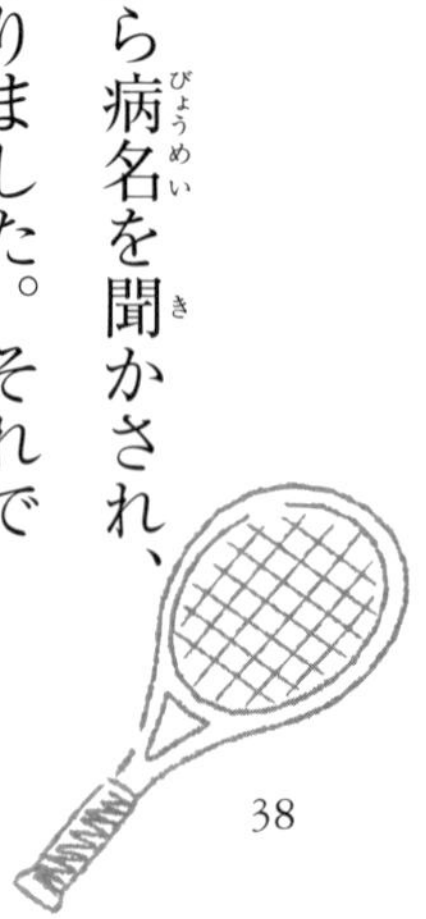

ある日《ひ》、友《とも》だちからDVD《ディーブイディー》がとどきました。再生《さいせい》ボタンをおすと、えいぞうは、いつもみんなでサッカーをしていた公園《こうえん》でさつえいされたものでした。

「また、みんなでサッカーしようぜ！」

DVD《ディーブイディー》におさめられていたのは、友《とも》だちからのおうえんメッセージでした。これを見《み》たお母《かあ》さんは、たちまち泣《な》きだしてしまいました。凱人《ときと》の目《め》にもなみだがあふれてきました。仲間《なかま》たちのはげましがうれしかったからです。

（よし、がんばろう。病気《びょうき》を治《なお》して、また、サッカーをするんだ。）

凱人《ときと》は、病気《びょうき》とたたかう勇気《ゆうき》が、わいてくるのを感《かん》じました。つらい抗《こう》がん剤治《ざいち》りょうや、手術《しゅじゅつ》に立《た》ちむかう強《つよ》い気持《きも》ちが生《う》まれてきたのです。

12時間《じかん》におよぶ大手術《だいしゅじゅつ》

入院《にゅういん》から三か月《げつ》がたち、九月《がつ》になりました。抗《こう》がん剤治《ざいち》りょうの効果《こうか》で、腫瘍《しゅよう》は小《ちい》さくなり、いよいよ手術《しゅじゅつ》をすることになりました。

手術《しゅじゅつ》は、腫瘍《しゅよう》のできた骨《ほね》を取《と》りのぞき、そこに*人工関節《じんこうかんせつ》を入《い》れるものです。明日《あす》が手術《しゅじゅつ》という日《ひ》、お医者《いしゃ》さんから手術《しゅじゅつ》について説明《せつめい》がありました。お医者《いしゃ》さんは凱人《ときと》の体《からだ》にマーカーでしるしを入《い》れました。この部分《ぶぶん》にメス*が入《はい》るというのです。しるしは、おなかのほうまでのびていました。凱人《ときと》はおどろいて、こうたずねました。

「え？　おなかまで切《き》るんですか。」

股関節《こかんせつ》にできた腫瘍《しゅよう》でしたが、手術《しゅじゅつ》では左《ひだり》わきばらから、太《ふと》ももあたりまで切《き》るというのです。おなかのほうまで切《き》るのは、腫瘍《しゅよう》を取《と》ったあとのきずついた筋肉《きんにく》を、おなかの筋肉《きんにく》で補強《ほきょう》するためです。

がんばって治《ち》りょうを受《う》け、早《はや》く治《なお》すんだ、とかくごを決《き》めた凱人《ときと》でしたが、さすがに手術《しゅじゅつ》がこわくなってしまいました。手術《しゅじゅつ》の前《まえ》の日《ひ》は、ベッドに入《はい》っても、横《よこ》になっているだけで、ほとんどねむることはできませんでした。

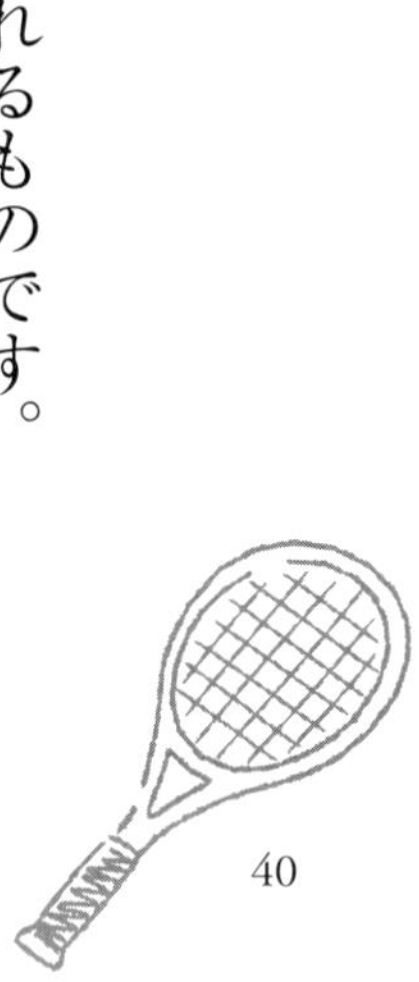

手術《しゅじゅつ》は朝《あさ》に始《はじ》まり、夜《よる》までかかりました。12時間《じかん》におよぶ大手術《だいしゅじゅつ》でしたが、無事《ぶじ》に成功《せいこう》しました。

ただ、手術《しゅじゅつ》のあとを見《み》た凱人《ときと》は、あらためて、自分《じぶん》の体《からだ》にできたきずの大《おお》きさにおどろかされました。

（こんなに、たいへんな手《しゅ》術《じゅつ》だったのか！）

手術《しゅじゅつ》は終《お》わっているのに、凱人《ときと》は、なんだかまた、こわくなってしまいました。

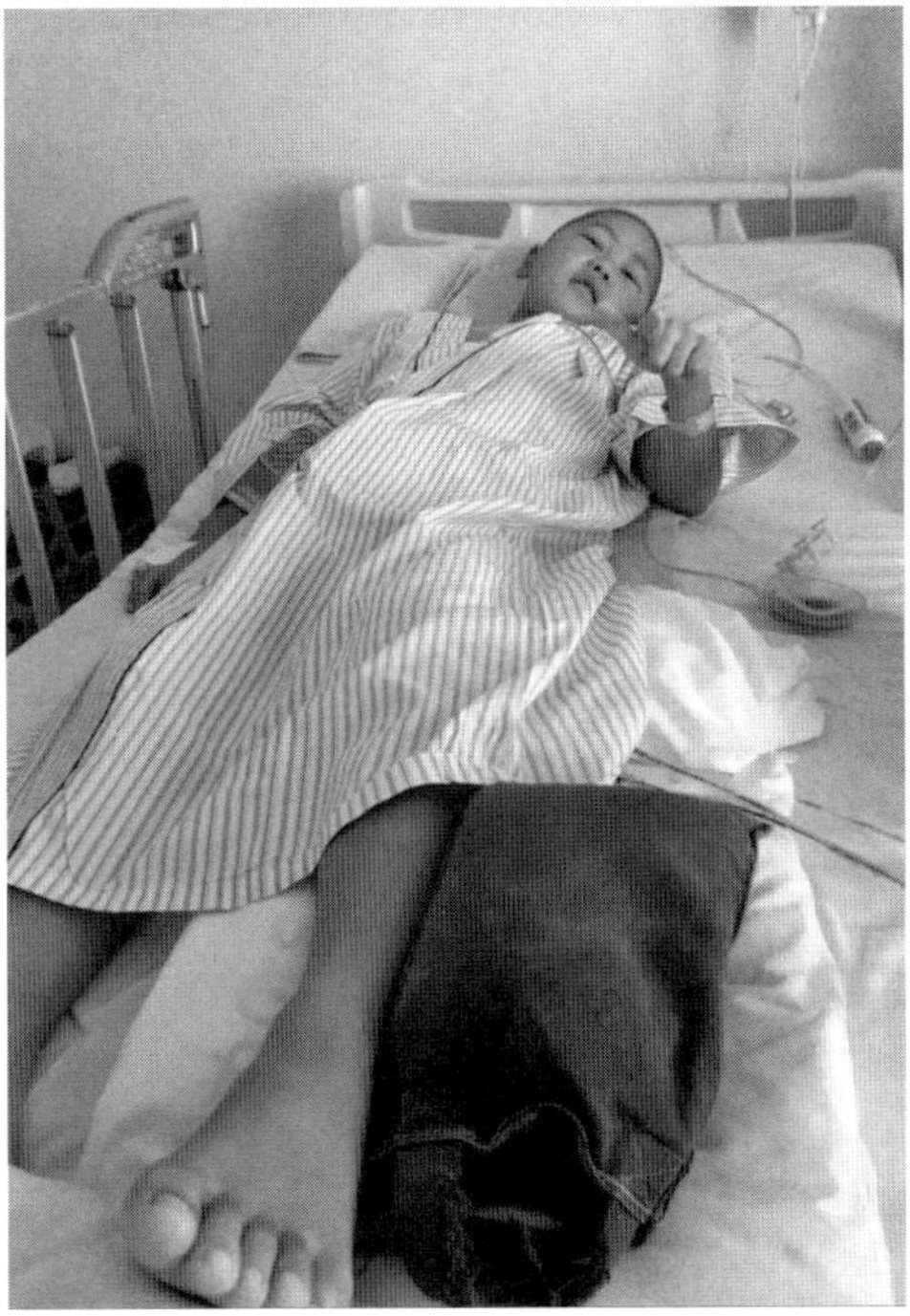

入院中《にゅういんちゅう》のベッドで。

＊人工関節《じんこうかんせつ》…金《きん》ぞくやプラスチックなどでできた関節《かんせつ》（骨《ほね》と骨《ほね》のつなぎ目《め》の部分《ぶぶん》）。
＊メス…手術《しゅじゅつ》・かいぼうなどにつかう小刀《こがたな》。

体《からだ》には、いたみがありました。サッカーできたえていたとはいえ、９歳《さい》の小《ちい》さな体《からだ》に、手術《しゅじゅつ》は大《おお》きな負担《ふたん》でした。お医者《いしゃ》さんは点《てん》てきでいたみ止《ど》めを入《い》れてくれましたが、一定《いってい》の量《りょう》より多《おお》く入《い》れることはできません。ですから、凱人《ときと》はいたみにたえるしかなかったのです。

高《たか》い熱《ねつ》も出《で》て、気分《きぶん》はすぐれません。ベッドに入《はい》って、いたみをがまんしていると、いつの間《ま》にか、なみだがあふれてきました。

楽《たの》しみは家族《かぞく》と病室《びょうしつ》ですごす時間《じかん》

長《なが》い入院生活《にゅういんせいかつ》での凱人《ときと》の楽《たの》しみは、家族《かぞく》とすごす時間《じかん》でした。

ふだんは、お母《かあ》さんが毎日病院《まいにちびょういん》に通《かよ》い、身《み》のまわりの世話《せわ》をしてくれました。お父《とう》さんも、仕事《しごと》や家《いえ》の用事《ようじ》の合間《あいま》を見《み》て、毎日《まいにち》のように、病院《びょういん》に顔《かお》を見《み》に来《き》てくれました。

お母《かあ》さんは、凱人《ときと》のつきそいで、病院《びょういん》にいる時間《じかん》が長《なが》くなりましたが、だからといって、家《いえ》に残《のこ》っている姉《あね》や弟《おとうと》が、さびしがったり、ひがんだりということは、ありませんでした。

週末《しゅうまつ》で学校《がっこう》が休《やす》みになると、姉《あね》と弟《おとうと》が病院《びょういん》にやってきます。凱人《ときと》の病室《びょうしつ》や病院《びょういん》の面談室《めんだんしつ》などで、ほぼ一日中《いちにちじゅう》、いっしょにすごすこともありました。

姉《あね》は、凱人《ときと》のベッドの上《うえ》でノートや教科書《きょうかしょ》を広《ひろ》げ、宿題《しゅくだい》をすることもありました。弟《おとうと》は、凱人《ときと》のとなりでおかしを食《た》べるなどしてすごします。食事《しょくじ》の時間《じかん》になると、いっしょにご飯《はん》を食《た》べることもありました。

（なんだか、家《いえ》ですごしているみたいだな。）

まるで家族《かぞく》がそのまま病室《びょうしつ》に引《ひ》っこしてきたかのようです。場所《ばしょ》がちがうだけで、凱人《ときと》のまわりには、ふだんと変《か》わらない時間《じかん》が流《なが》れていました。

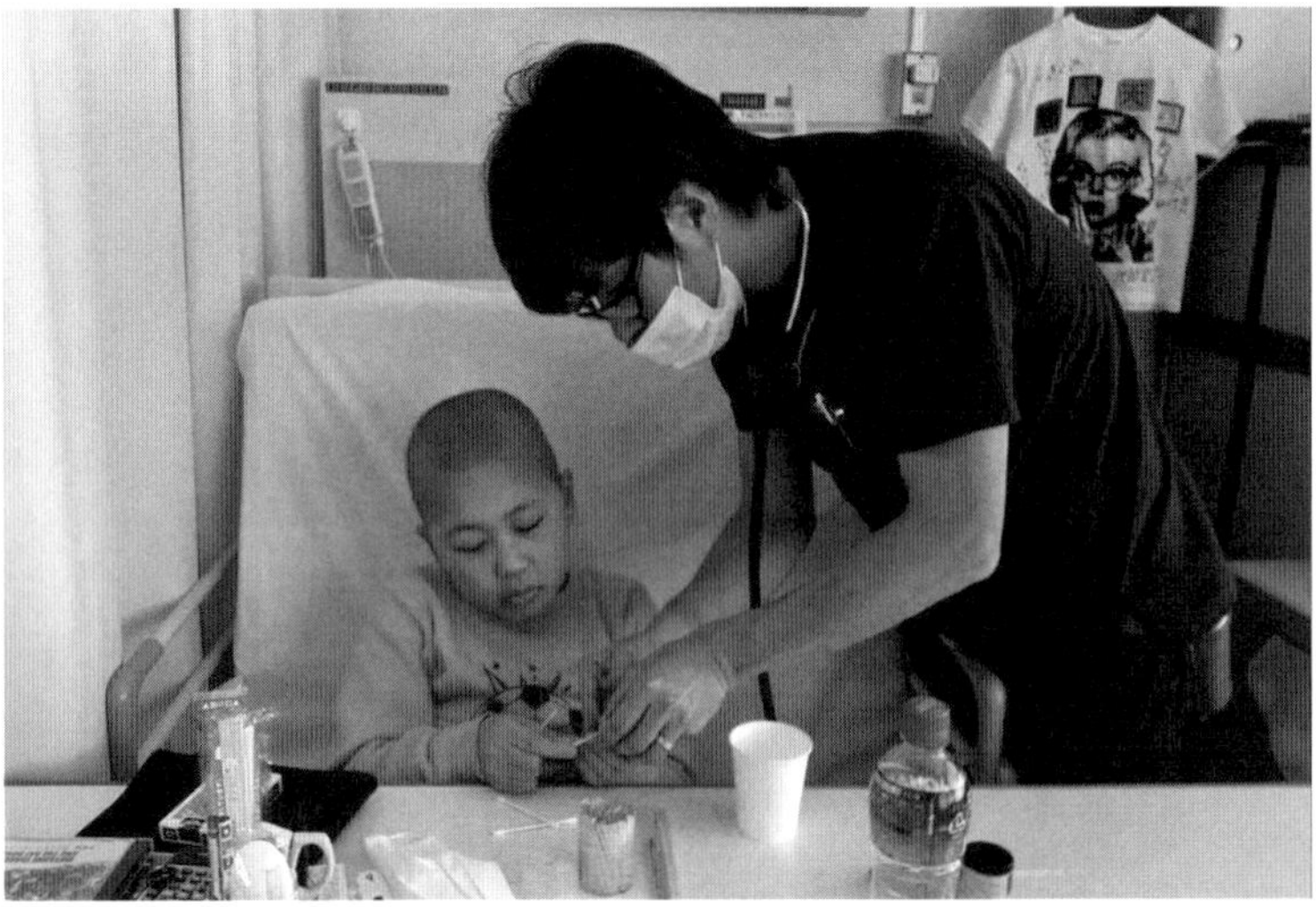

入院中《にゅういんちゅう》はベッドですごすことがほとんど。手品《てじな》を
習《なら》っているところ。

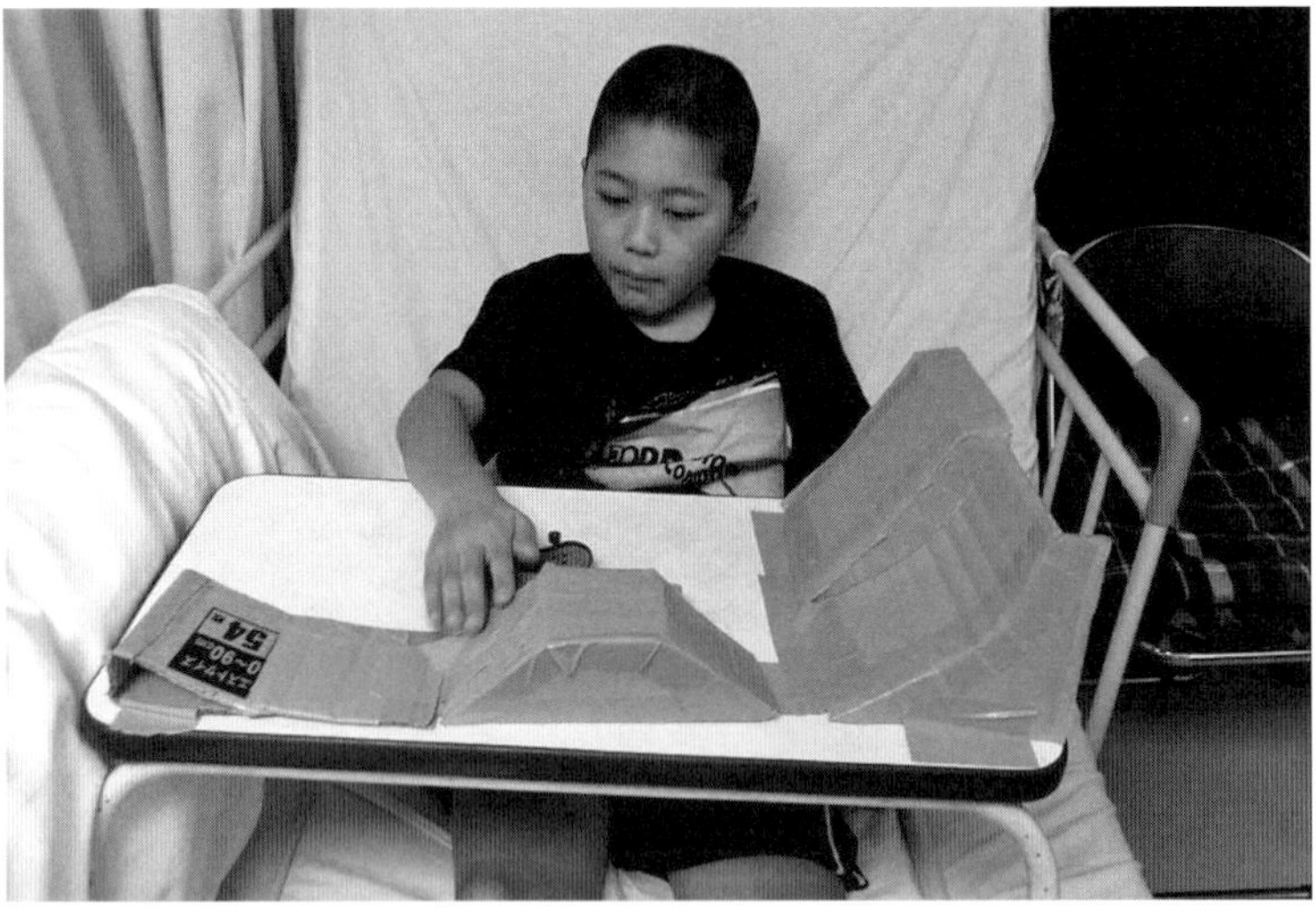

段《だん》ボール工作《こうさく》で、ベッドの上《うえ》でも遊《あそ》ぶ工夫《くふう》をしていた。

Dreamer
Oda Tokito

第《だい》3章《しょう》 リハビリ開始《かいし》！

サッカーしたら、おれの足《あし》がこわれる

手術《しゅじゅつ》は成功《せいこう》して、治《ち》りょうは次《つぎ》の段階《だんかい》に進《すす》みました。凱人《ときと》は、抗《こう》がん剤《ざい》治《ち》りょうをしながら、日常生活《にちじょうせいかつ》にもどるためのリハビリ*をおこなうことになりました。

ただ、本格的《ほんかくてき》にリハビリを始《はじ》めるまでが、たいへんでした。

ベッドの上《うえ》で上半身《じょうはんしん》を起《お》こし、体《からだ》の向《む》きを変《か》えて、ベッドの横《よこ》に足《あし》を出《だ》して、す

*リハビリ…リハビリテーションのこと。長期《ちょうき》りょう養者《ようしゃ》・身体障害者《しんたいしょうがいしゃ》などが、社会生活《しゃかいせいかつ》を送《おく》りやすくするための、指《し》どうや訓練《くんれん》のこと。

わる——それだけの動《うご》きができるようになるまでに、何日《なんにち》も何日《なんにち》も、かかりました。
（めちゃめちゃ、いたい。足《あし》が曲《ま》がらない。）
のばした足《あし》を曲《ま》げようとすると、するどいいたみが走《はし》りました。左足《ひだりあし》の付《つ》け根《ね》のあたりがつっぱったじょうたいになっていて、ひざを曲《ま》げることができません。とはいっても、いたいからといって何《なに》もしなければ、いつまでたっても、足《あし》の曲《ま》げのばしができません。
（自分《じぶん》で曲《ま》げていくしかないんだな。）

担当《たんとう》する先生《せんせい》の指導《しどう》を受《う》けながら、凱人《ときと》は、足《あし》の曲《ま》げのばしから、リハビリをスタートさせました。

そのあと、歩行器《ほこうき》や松葉《まつば》づえを使《つか》って歩《ある》く練習《れんしゅう》もしました。

単調《たんちょう》なリハビリが続《つづ》きます。動《うご》きによってはいたみを感《かん》じるので、ついつい、動《うご》きをおさえてしまうこともありました。

お母《かあ》さんは、そんな凱人《ときと》のようすを見《み》て、（あまりリハビリをやる気《き》がないのか

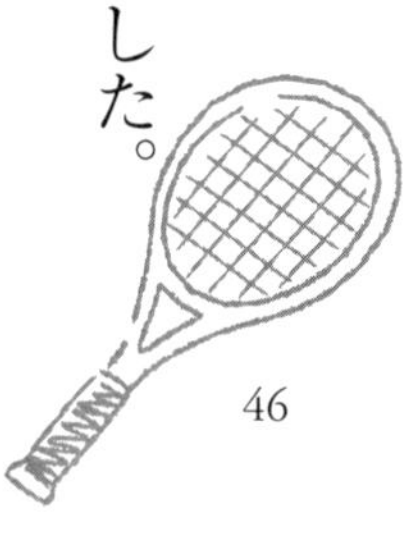

な?)と心配《しんぱい》になりました。

このころ、思《おも》うように体《からだ》を動《うご》かせない凱人《ときと》に、ある考《かんが》えがうかんできました。

(もう、サッカーはむずかしいかもしれない。)

もう一度《いちど》、みんなとサッカーをすることを目標《もくひょう》に、つらい治《ち》りょうにも、たえました。元気《げんき》になれば、またボールをけることができる。それをはげみに、入院生活《にゅういんせいかつ》をおくってきたのです。でも、今《いま》の体《からだ》のじょうたいでは……。

心配《しんぱい》な気持《きも》ちをかかえたままでは、一所《いっしょ》けん命《めい》にリハビリに取《と》り組《く》むのはむずかしいでしょう。

凱人《ときと》が何《なに》もいわなくても、お母《かあ》さんには、凱人《ときと》がどんなことを考《かんが》えているか、わかりました。表情《ひょうじょう》やリハビリに取《と》り組《く》むすがたから、心《こころ》の中《なか》が見《み》えたのです。

(手術《しゅじゅつ》の前《まえ》のようには、走《はし》ったり、ボールをけったりできないんだ。)

凱人《ときと》は、じょじょに、このことがわかってきました。そして、心《こころ》に決《き》めました。

（お母《かあ》さんにも、自分《じぶん》が思《おも》っていることをはっきり伝《つた》えなくてはいけないな。）

病室《びょうしつ》でいっしょにサッカーの試合《しあい》を見《み》ているときのことです。凱人《ときと》の口《くち》から、こんな言葉《ことば》が出《で》てきました。

「おれ、サッカーは、もう無理《むり》だな。サッカーしたら、おれの足《あし》がこわれる。大事《だいじ》な足《あし》、手術《しゅじゅつ》をしてもらった足《あし》が……。」

凱人《ときと》の話《はなし》を聞《き》いたお母《かあ》さんは、どんな気持《きも》ちでそういったのか、たしかめようとしました。

「凱人《ときと》はそれでいいの？　またサッカーやりたい、って、ほんとうはそう思《おも》っていないの？」

いいかげんな気持《きも》ちで、サッカーをあきらめるなどというはずがありません。お母《かあ》さんも、それはよくわかっています。ただ、ほんとうはすごくやりたいのに、気《き》持《も》ちをかくして「無理《むり》だな」といっているのかもしれません。お母《かあ》さんは、凱人《ときと》のほんとうの気持《きも》ちが聞《き》きたかったのです。

凱人《ときと》は、こう答《こた》えました。

「おれが、思《おも》ってもいないこと、いうわけないじゃん。」

お母《かあ》さんには、凱人《ときと》が、ひとりで深《ふか》く考《かんが》え、なやみ、そのうえで決心《けっしん》したことがよくわかりました。

凱人《ときと》の目《め》に、なみだはありませんでした。だれかをうらんだり、ふさぎこんだり、ということもありませんでした。ありのままに、つらい現実《げんじつ》を受《う》け入《い》れたのです。すぐに受《う》け入《い》れるのはむずかしいとしても、少《すこ》しずつ、時間《じかん》をかけて……。

「リハビリ、楽《たの》しんでね！」

お母《かあ》さんは、凱人《ときと》のリハビリが順調《じゅんちょう》に進《すす》むように、心《こころ》からおうえんしました。病《びょう》名《めい》を聞《き》いたときは大《おお》きなショックを受《う》けましたが、このころになると、もとの明《あか》るさを取《と》りもどしていました。

「凱人《ときと》はもうだいじょうぶ。」

お母《かあ》さんは、凱人《ときと》の体《からだ》に腫瘍《しゅよう》が見《み》つかってからというもの、何《なん》か月《げつ》もずっと、不《ふ》安《あん》の中《なか》ですごしました。抗《こう》がん剤《ざい》治《ち》りょうで腫瘍《しゅよう》が小《ちい》さくなって、主治医《*しゅじい》の先生《せんせい》に「そろそろ取《と》りのぞく手術《しゅじゅつ》ができます」と聞《き》かされると、初《はじ》めて、ほっと息《いき》をつくことができました。手術《しゅじゅつ》ができると聞《き》いただけで、凱人《ときと》の病気《びょうき》に、ひと区切《くぎ》りつく、と安心《あんしん》したのです。

たいへんな手術《しゅじゅつ》になると聞《き》きましたが、お母《かあ》さんはお医者《いしゃ》さんを信《しん》らいしていたので、心配《しんぱい》はしませんでした。手術《しゅじゅつ》を終《お》えて、ベッドから動《うご》けない凱人《ときと》のようすは気《き》になりましたが、それよりも、勝《まさ》っていたのは、こんな気持《きも》ちです。

「悪《わる》いものを取《と》ってもらった。これで前《まえ》に進《すす》める。」

ですから、リハビリが始《はじ》まったころは、本人《ほんにん》よりもお母《かあ》さんが、はりきっていました。手術《しゅじゅつ》をして、一歩《ぽ》、前《まえ》に進《すす》んだ。次《つぎ》はリハビリで、もう一歩《ぽ》、前《まえ》に進《すす》める。

「さあ、行《い》くぞ」と、お母《かあ》さんは、もう、前《まえ》しか見《み》ていませんでした。

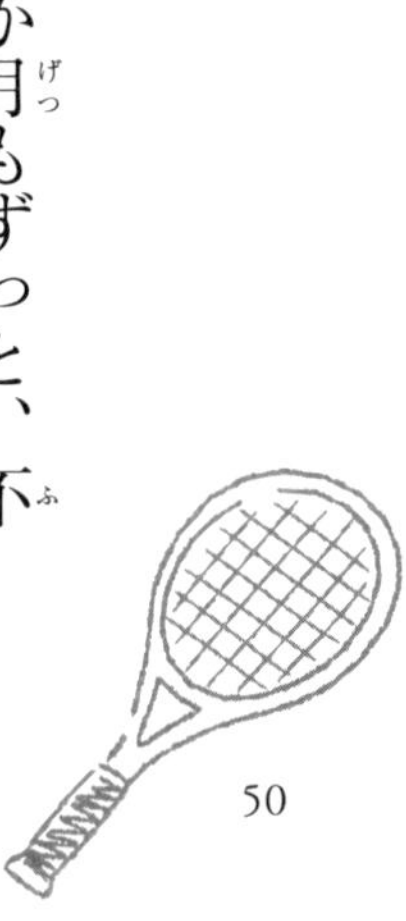

そのころ、凱人《ときと》はリハビリのいたみにたえることで、せいいっぱいでした。自分《じぶん》の将来《しょうらい》について心配《しんぱい》する気持《きも》ちとも、たたかっていました。ところがお母《かあ》さんは、ちがいます。

「リハビリ、楽《たの》しんでね！」

まるでサッカーの試合《しあい》をおうえんするように、また、ときにはきびしい言葉《ことば》をかけて、リハビリに取《と》り組《く》む凱人《ときと》をはげまし続《つづ》けたのです。

リハビリの成果《せいか》が少《すこ》しずつ出《で》てきました。リハビリ室《しつ》に行《い》けば、いろいろなボールがあって遊《あそ》ぶことができます。体《からだ》のストレッチなどに使《つか》う、バランスボールもあります。体《からだ》が自由《じゆう》に動《うご》くようになると、たっ球《きゅう》で遊《あそ》ぶこともありました。

凱人《ときと》は、ようやく、リハビリが楽《たの》しいと思《おも》えるようになりました。

＊主治医《しゅじい》…中心《ちゅうしん》になって、その人《ひと》の治《ち》りょうを受《う》け持《も》つ医者《いしゃ》。

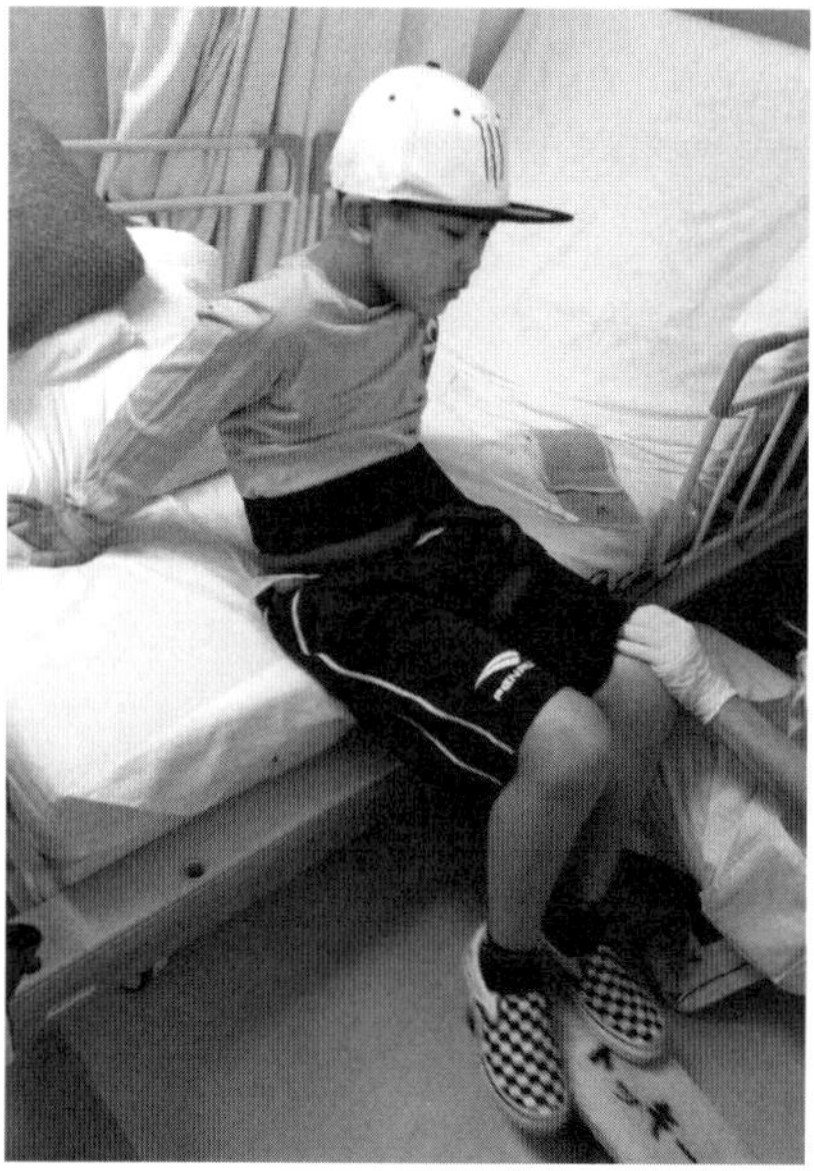

リハビリのようす。ベッドに腰《こし》かけるのも
最初《さいしょ》はたいへんだった。

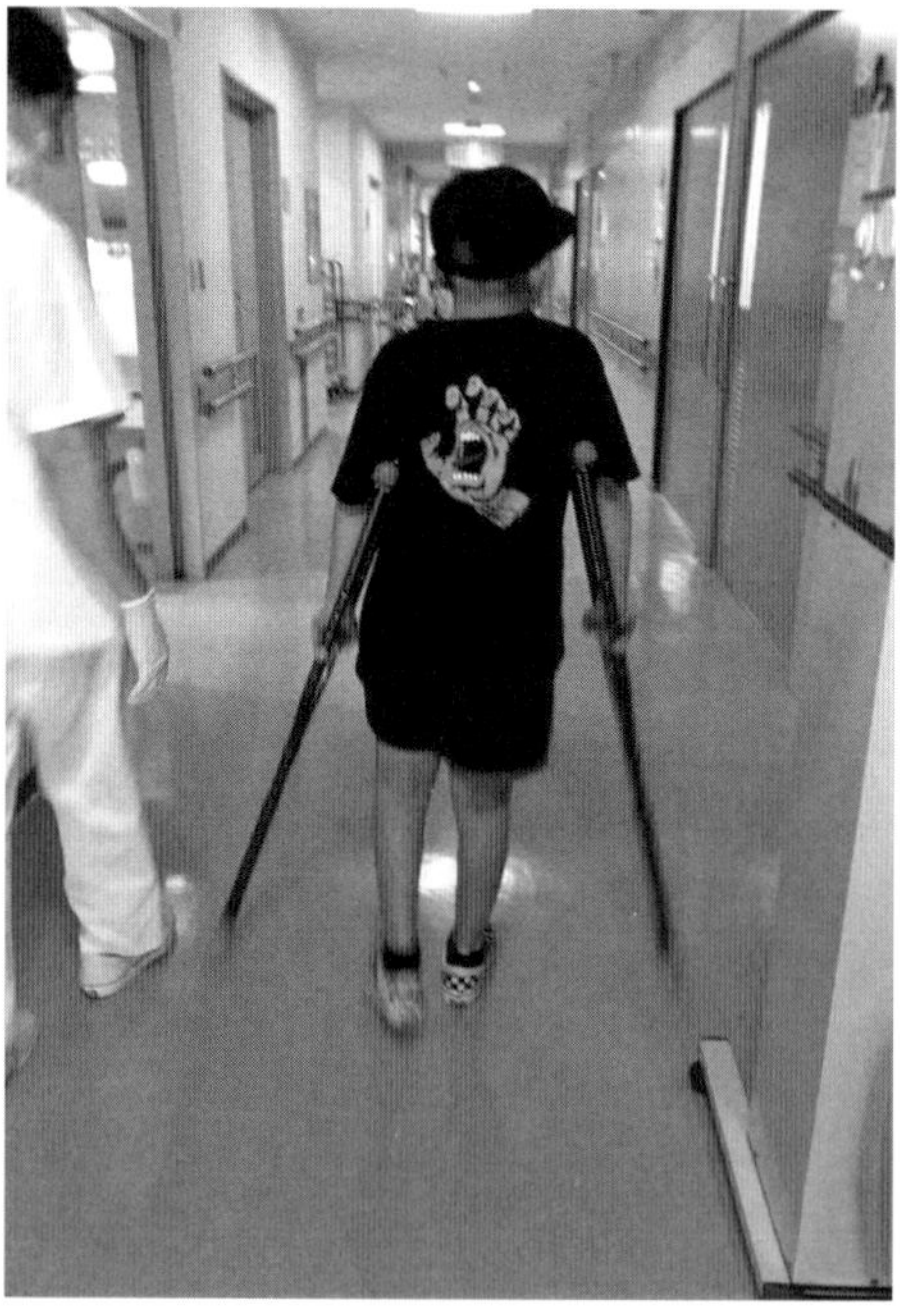

松葉《まつば》づえで歩《ある》く練習《れんしゅう》。病院《びょういん》のろう下《か》を少《すこ》しずつ
歩《ある》いていく。

Dreamer

Oda Tokito

第《だい》4章《しょう》 車《くるま》いすテニスとの出《で》合《あ》い

スポーツ用車《ようくるま》いすに、初《はじ》めて乗《の》る

そのうちに、凱人《ときと》の運命《うんめい》を大《おお》きく変《か》えるできごとがありました。

名古屋医療《なごやいりょう》センターでは、一か月《げつ》に一度《ど》、パラスポーツ*の体験会《たいけんかい》を開《ひら》いていました。「障害《しょうがい》があっても、スポーツができるんだよ」と、子《こ》どもたちに伝《つた》えるイベントです。病気《びょうき》とたたかう子《こ》どもたちに、元気《げんき》を取《と》りもどしてほしいという願《ねが》いをこ

*パラスポーツ…広《ひろ》く障害《しょうがい》のある人《ひと》がおこなうスポーツのこと。

めて、おこなっていました。

このイベントで、凱人《ときと》は、初《はじ》めてスポーツ用《よう》の車《くるま》いすに乗《の》りました。いっぱん用《よう》の車《くるま》いすは背《せ》もたれが高《たか》く、補助《ほじょ》する人《ひと》が車《くるま》いすをおすためのグリップもついています。スポーツ用車《ようくるま》いすには、それらがなく、競技《きょうぎ》をするためだけに作《つく》られています。タイヤは、「ハ」の字《じ》に角度《かくど》がついています。ななめにタイヤを付《つ》けることによって、ターン（向《む》きや進《すす》む方向《ほうこう》を変《か》えること）がしやすくなります。タイヤの外側《そとがわ》にはハンドリムがあり、プレーヤーはこれを回《まわ》して車《くるま》いすを走《はし》らせます。このことを「こぐ」ともいいます。

この日《ひ》、入院《にゅういん》していたかん者《じゃ》さんたちが体験《たいけん》したのはフライングディスクでした。ディスク（円《えん》ばん）を投《な》げて、得点《とくてん》を競《きそ》うものです。

凱人《ときと》が夢中《むちゅう》になったのは、ディスクを飛《と》ばすことより、スポーツ用車《ようくるま》いすに乗《の》ることでした。

（ずんずん進《すす》むな。）

凱人《ときと》は、その乗《の》り心地《ごこち》におどろきました。ふだん、病院《びょういん》の中《なか》で乗《の》る車《くるま》いすとはちがって、少《すこ》しこぐだけでスピードが出《で》ます。また、「ハ」の字《じ》になったタイヤのおかげで、車《くるま》いすをターンさせやすいのです。

最初《さいしょ》は、抗《こう》がん剤《ざい》治《ち》りょうのための点《てん》てきをつけたまま、かんごしさんが、車《くるま》いすをおしてくれました。まだ、足《あし》がよく曲《ま》がらなかったので、のびた足《あし》が、ういたじょうたいでした。

それでも、凱人《ときと》は、車《くるま》いすに乗《の》るのが楽《たの》しくてたまりませんでした。ただ、点《てん》てきがあると、どうしても車《くるま》いすを動《うご》かしづらくなります。凱人《ときと》は病院《びょういん》の先生《せんせい》にたのみました。

「点《てん》てきを外《はず》してください。」

「治《ち》りょうだから、外《はず》すわけにはいかないよ。」

「どうしたら、外《はず》してくれますか。」

凱人《ときと》はかんたんには引《ひ》き下《さ》がりませんでした。

抗《こう》がん剤《ざい》を体《からだ》に入《い》れたら、できるだけ早《はや》く、にょうといっしょに体《からだ》から出《だ》さなくてはなりません。そのために、点《てん》てきで水分《すいぶん》をたくさんとるのです。

お医者《いしゃ》さんは凱人《ときと》に説明《せつめい》し、「点《てん》てきの代《か》わりにスポーツ飲料《いんりょう》をたくさん飲《の》むなら、外《はず》してもいいよ」といってくれました。もちろん、凱人《ときと》はこう答《こた》えました。

「飲《の》みます！」

凱人《ときと》はもともと、人《ひと》にああしてほしい、こうしてほしいと、ねだる子《こ》どもではありません。でも、このころから、お医者《いしゃ》さんに「これだけがんばったら、○○を

スポーツ用車《ようくるま》いすの楽《たの》しさを知《し》ったころ。
足《あし》を曲《ま》げられないままがんばって乗《の》っていた。

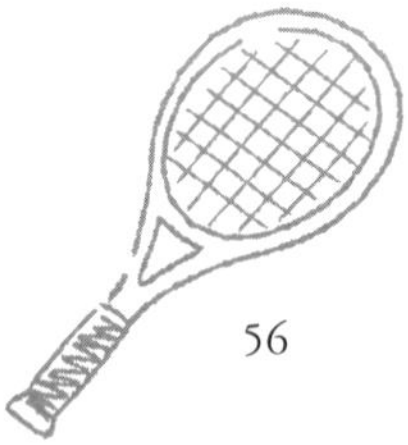

してもいいですか」と、きくようになりました。

それくらい、スポーツ用車《ようくるま》いすに乗《の》りたい、体《からだ》を動《うご》かして遊《あそ》びたいという気持《きも》ちが強《つよ》かったのです。

小《ちい》さいころから活発《かっぱつ》で、BMX《ビーエムエックス》も乗《の》りこなしていた凱人《ときと》にとって、スポーツ用車《ようくるま》いすに乗《の》るのは、それほどむずかしいことではありませんでした。スポーツ用車《ようくるま》いすは、曲《ま》がったり、回《まわ》ったりする操作《そうさ》がしやすかったので、乗《の》りこなすむずかしさよりも、楽《たの》しさが上回《うわまわ》っていました。

まさしく、自転車《じてんしゃ》やスケボーに乗《の》るときと同《おな》じ感覚《かんかく》です。じょうずに操作《そうさ》すれば、車《くるま》いすがそのとおりに動《うご》いてくれるので、楽《たの》しくてなりません。「ハ」の字《じ》にタイヤがついた車《くるま》いすは、「マシン」という言葉《ことば》がぴったりでした。

(車《くるま》いすって、かっこいい。これだな!)

こうして、スポーツ用車《ようくるま》いすは、凱人《ときと》にとって大事《だいじ》な仲間《なかま》になったのです。

心《こころ》をつかんだ国枝選手《くにえだせんしゅ》のプレー

名古屋医療《なごやいりょう》センターでリハビリを担当《たんとう》していたお医者《いしゃ》さんは、スポーツが好《す》きで、パラスポーツについての知識《ちしき》も豊富《ほうふ》でした。

先生《せんせい》は凱人《ときと》がサッカーをしていたことも知《し》っていました。そこで、パラスポーツに興味《きょうみ》を持《も》つにちがいないと考《かんが》え、車《くるま》いすに乗《の》っておこなう競技《きょうぎ》について、教《おし》えてくれました。

（おれは、つえがあれば歩《ある》けるから、ふだん、車《くるま》いすには乗《の》らない。なのに、車《くるま》いすを使《つか》うスポーツをしてもいいの？）

パラスポーツについて、いろいろ教《おし》えてもらった凱人《ときと》は、まず、そのことにおどろきました。

下半身《かはんしん》に発生《はっせい》した骨肉腫《こつにくしゅ》では、手術《しゅじゅつ》で足《あし》を切断《せつだん》しなければならない人《ひと》もいますが、手術《しゅじゅつ》のあと、つえを使《つか》わずに生活《せいかつ》している人《ひと》もいます。凱人《ときと》も、病院内《びょういんない》では車《くるま》いす

に乗《の》っていましたが、リハビリをおこない、つえを使《つか》って歩《ある》くことができるようになっていました。

「下肢《かし》（足《あし》）に障害《しょうがい》のある人《ひと》は、車《くるま》いすに乗《の》って、パラスポーツができますよ。」

先生《せんせい》が教《おし》えてくれました。パラスポーツには、下半身《かはんしん》に障害《しょうがい》がある人《ひと》が車《くるま》いすを使《つか》っておこなうものがいくつかあります。選手《せんしゅ》たちの障害《しょうがい》の種類《しゅるい》はさまざまで、日常生活《にちじょうせいかつ》でも車《くるま》いすを使《つか》う人《ひと》もいれば、ふだんは義足《ぎそく》をつけている人《ひと》もいます。さらに、車《くるま》いすを使《つか》わずにテニスをする人《ひと》もいます。これは「立位《りつい》テニス」として、世《せ》界大会《かいたいかい》もおこなわれています。

（やれるっていうんだったら、やるしかないでしょ！）

車《くるま》いすを使《つか》ってスポーツができるとわかった凱人《ときと》は、次《つぎ》のしゅん間《かん》には、自分《じぶん》もちょう戦《せん》してみたいと強《つよ》く思《おも》いました。

もともと、部屋《へや》の中《なか》で静《しず》かにしているのは、好《す》きではありません。凱人《ときと》はすぐにパラスポーツをインターネットでけんさくし、次々《つぎつぎ》と動画《どうが》を見《み》ていきました。

（これだ！）

そのえいぞうを見《み》たしゅん間《かん》、強《つよ》くひかれるものがありました。

凱人《ときと》の心《こころ》をがっちりつかんだのは、車《くるま》いすテニスの国枝慎吾選手《くにえだしんごせんしゅ》でした。動画《どうが》は、二〇一二年《ねん》ロンドン・パラリンピックの車《くるま》いすテニスで、国枝選手《くにえだせんしゅ》が、金《きん》メダルを取《と》ったときのものでした。

これが、凱人《ときと》の車《くるま》いすテニスとの出合《であ》いでした。

車《くるま》いすテニスって、かっこいい！

二〇二一年《ねん》に開《かい》さいされた東京《とうきょう》・パラリンピックの車《くるま》いすテニス・シングルスで、国枝選手《くにえだせんしゅ》は金《きん》メダルにかがやきます。パラリンピックには、二〇〇四年《ねん》のアテネ大《たい》会《かい》から、計《けい》5回《かい》も出場《しゅつじょう》しました。かくとくした金《きん》メダルは、シングルスで三つ、ダブルスで一つ。また、全豪《ぜんごう》、全仏《ぜんふつ》、ウィンブルドン、全米《ぜんべい》の「四大大会《よんだいたいかい》」では、シ

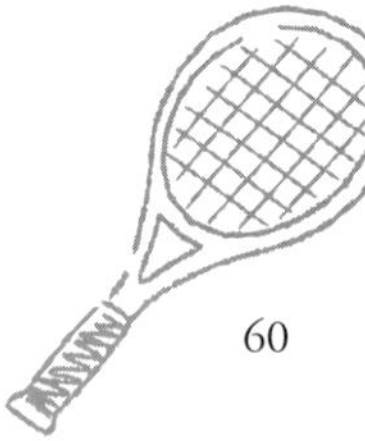

ングルスで28回《かい》、ダブルスで22回《かい》、あわせて50回《かい》も優勝《ゆうしょう》した、伝説《でんせつ》の車《くるま》いすテニス選手《せんしゅ》です。

ただ、このころの凱人《ときと》は、国枝《くにえだ》さんが、そんないだいな選手《せんしゅ》であるとは知《し》りません。それどころか、車《くるま》いすテニスというスポーツのことも、ほとんど知《し》りませんでした。

（車《くるま》いすをこぐスピードが、めちゃめちゃ速《はや》い！）

（大声《おおごえ》でさけびながら戦《たたか》うすがたが、かっこいいな。）

国枝選手《くにえだせんしゅ》のプレーそのものが、たちまち凱人《ときと》の心《こころ》をとらえたのです。

凱人《ときと》は心《こころ》に決《き》めました。

（退院《たいいん》したら、車《くるま》いすテニスにちょう戦《せん》しよう。）

国枝選手《くにえだせんしゅ》の動画《どうが》を見《み》たしゅん間《かん》に、凱人《ときと》は車《くるま》いすテニスに夢中《むちゅう》になってしまったのです。

このころ、凱人《ときと》はいっぱんのテニスについても、ほとんど知識《ちしき》がありませんでした。日本で大人気《だいにんき》の錦織圭選手《にしこりけいせんしゅ》も、名前《なまえ》を聞《き》いたことがあるくらいでした。

「え？　車《くるま》いすテニス？」

その凱人《ときと》が車《くるま》いすテニスをしたいといいだしたのですから、両親《りょうしん》もびっくりです。家族《かぞく》のだれ一人《ひとり》、テレビで観戦《かんせん》したことさえなかったからです。

それでも、凱人《ときと》の心《こころ》は決《き》まっていました。二本《ほん》セットで売《う》っていた、おもちゃのラケットを使《つか》って、さっそくテニスを始《はじ》めました。乗《の》るのは、スポーツ用《よう》ではなく、ふつうの車《くるま》いすでした。

それでも、楽《たの》しくてなりません。病院《びょういん》では、きょかをもらえれば、土曜日《どようび》だけ外《がい》はくで家《いえ》に帰《かえ》ることがみとめられていました。その日《ひ》に、家《いえ》の近《ちか》くで家族《かぞく》とテニスをすることがいちばんの楽《たの》しみになりました。

（土曜日《どようび》は、どんな天気《てんき》かな？　雨《あめ》がふったらどうしよう。）

凱人《ときと》は、何日《なんにち》も前《まえ》から、そわそわしながら土曜日《どようび》を待《ま》つようになりました。

テニスは、リハビリのはげみになりました。

「これだけリハビリをがんばったのだから、今度《こんど》の週末《しゅうまつ》も外《がい》はくさせてください。」

凱人《ときと》は、リハビリの先生《せんせい》に、そんな交《こう》しょうをするようになりました。

両親《りょうしん》も、車《くるま》いすテニスに夢中《むちゅう》になっている凱人《ときと》のすがたを見《み》て、うれしく思《おも》いました。サッカーをあきらめ、落《お》ちこんでいた凱人《ときと》が、新《あたら》しく、一所《いっしょ》けん命《めい》にちょう戦《せん》できることを見《み》つけたからです。

両親《りょうしん》もまた、土曜日《どようび》がやってくるのを楽《たの》しみにしていました。最初《さいしょ》はお父《とう》さんにボールを投《な》げてもらって打《う》ち返《かえ》す練習《れんしゅう》をしたり、お父《とう》さんと打《う》ち合《あ》ったりしていました。そのうちに、相手《あいて》と試合《しあい》をしたい、という気持《きも》ちが出《で》てきました。

凱人《ときと》は、小《ちい》さいころから、ゲームなど、勝《か》ち負《ま》けがはっきりしている遊《あそ》びが大好《だいす》きでした。サッカーでも自分《じぶん》が点《てん》を取《と》ってチームが勝《か》つのがいちばんうれしいことでした。テニスでも、1対《たい》1で勝負《しょうぶ》をする楽《たの》しさにすぐに気《き》づいたのです。

お年玉《としだま》で買《か》った宝物《たからもの》のラケット

手術《しゅじゅつ》から三か月《げつ》がたち、二〇一六年《ねん》のお正月《しょうがつ》になりました。

それまでは、おもちゃのラケットで打《う》ち合《あ》うくらいでしたが、退院《たいいん》したら、本格《ほんかく》的《てき》に、車《くるま》いすテニスを始《はじ》めるつもりでした。

それには、ジュニア用《よう》につくられた、本格的《ほんかくてき》なラケットが必要《ひつよう》です。

（ラケットは、自分《じぶん》で買《か》おう。お年玉《としだま》を使《つか》えばいい。）

凱人《ときと》はそう決《き》めました。両親《りょうしん》にお願《ねが》いすれば、きっと買《か》ってもらえるでしょう。でも、これだけは自分《じぶん》で買《か》うことにしたのです。

ラケットを買《か》うと、お年玉《としだま》はほとんど残《のこ》りませんでした。でも、自分《じぶん》のラケットがようやく手《て》に入《はい》りました。その日《ひ》は、外《がい》はくができる日《ひ》でした。凱人《ときと》は、自分《じぶん》で選《えら》んだラケットを持《も》って、さっそく、公園《こうえん》に向《む》かいました。公園《こうえん》の地面《じめん》には、少《すこ》しでこぼこがあり、うまいぐあいにボールがはずんでくれません。それでも、凱人《ときと》は

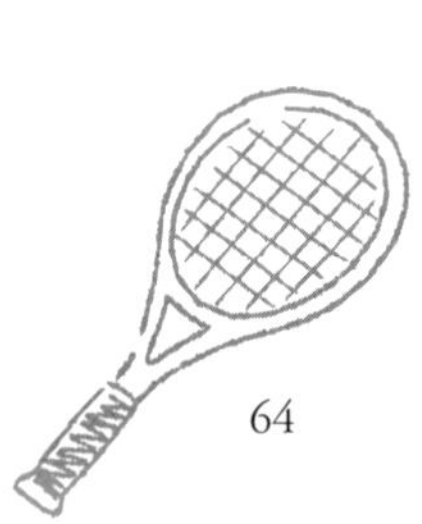

車《くるま》いすに乗《の》っておこなうテニスが、楽《たの》しくてたまりませんでした。

このラケットは、今《いま》でも、宝物《たからもの》のように大事《だいじ》にしています。海外《かいがい》に遠《えん》せいするときも、試合《しあい》で使《つか》うラケットといっしょに持《も》っていきます。これを見《み》ていると、初《はじ》めてテニスをしたときの楽《たの》しさやドキドキが思《おも》い出《だ》されます。車《くるま》いすテニスのスタートラインに立《た》ったときの気持《きも》ちが、よみがえってくるのです。

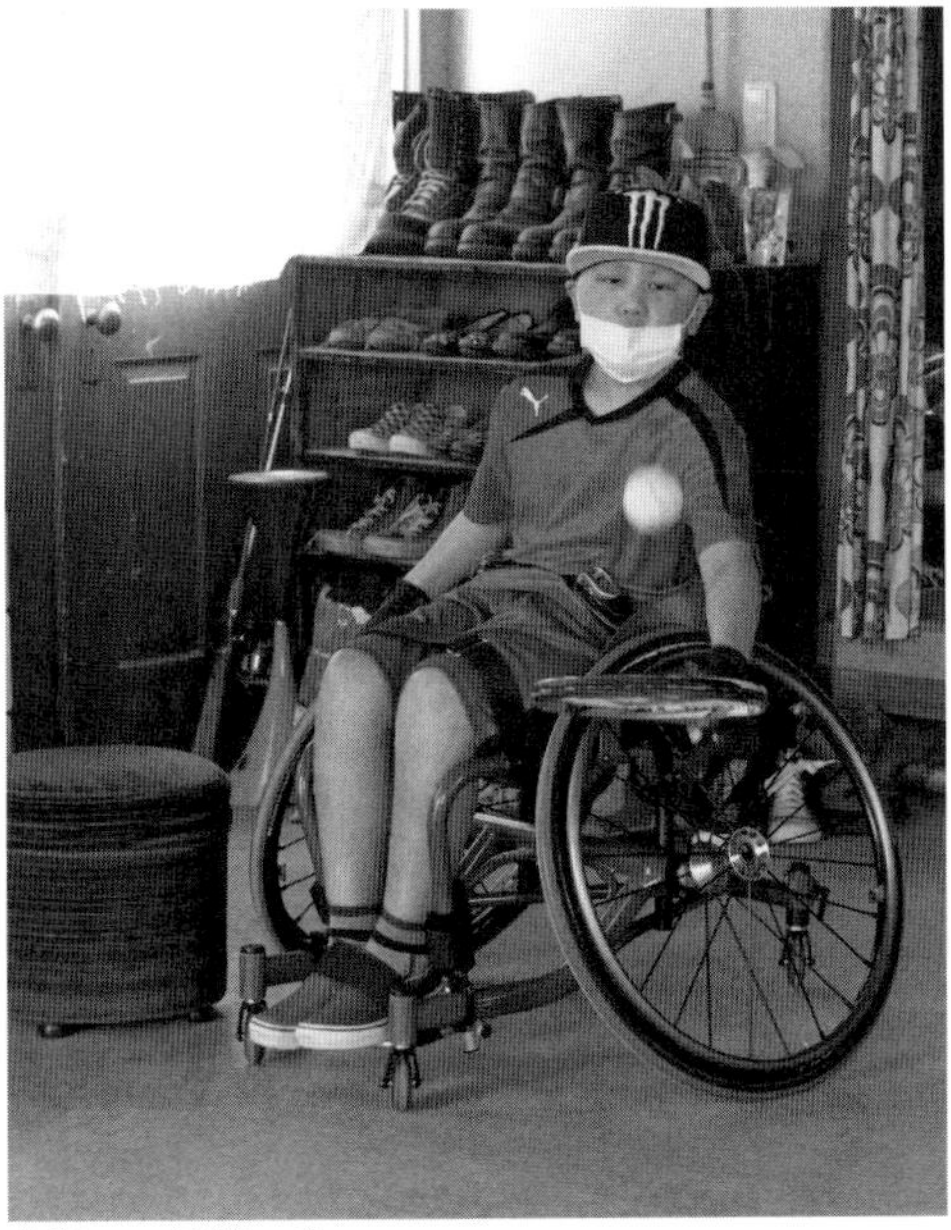

自分《じぶん》のお年玉《としだま》で買《か》ったラケットでボールをつく。

コラム1

車《くるま》いすのひみつ

選手《せんしゅ》が使《つか》う車《くるま》いすは、スポーツ専用《せんよう》に作《つく》られていて、ふつうの車《くるま》いすと同《おな》じものではありません。また、テニス、陸上競技《りくじょうきょうぎ》、バスケットボールなど、競技《きょうぎ》によっても、いくつかちがいがあります。

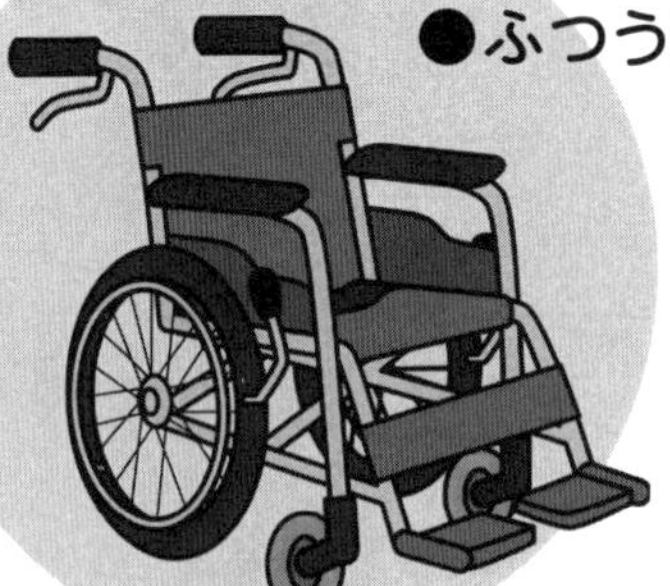

●ふつう型《がた》

ふつう型《がた》の車《くるま》いすには、背《せ》もたれやひじかけ、おしてもらうためのグリップやブレーキがついています。これらは競技用車《きょうぎようくるま》いすにはありません。

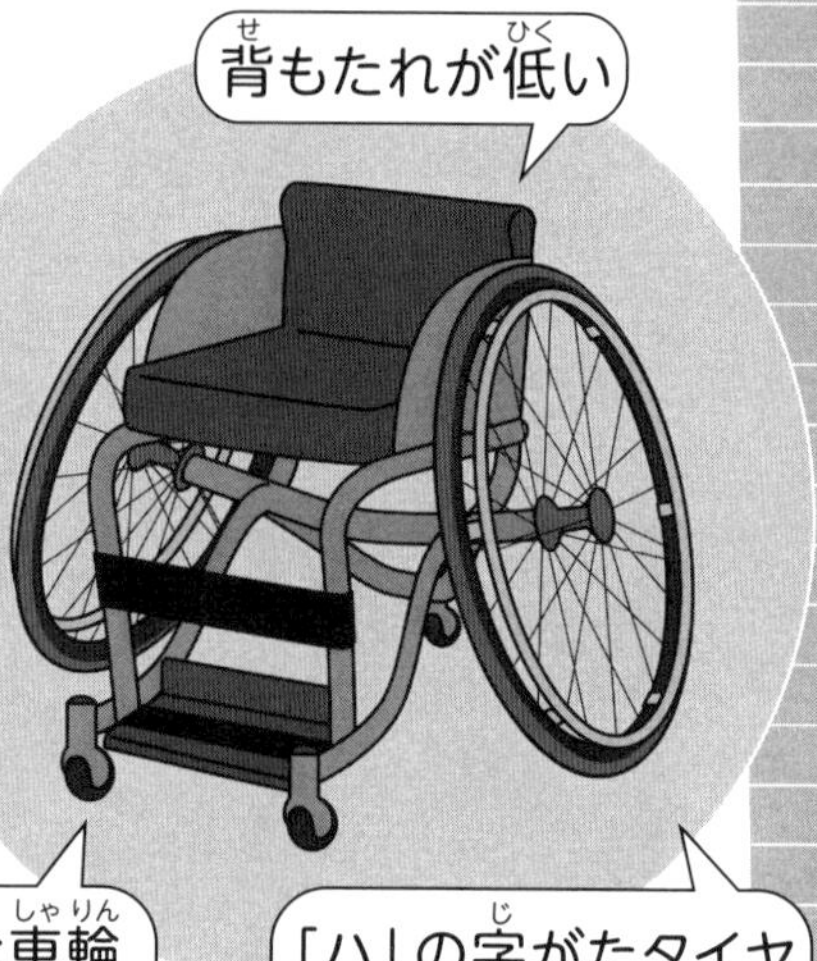

●スポーツ用《よう》(テニス用《よう》)

タイヤは、少《すこ》しかたむいてついています。前《まえ》から見《み》ると、かたかなの「ハ」の字《じ》の形《かたち》です。これは、すばやくターンするためです。バランスをくずしてたおれることがないように、小《ちい》さな車輪《しゃりん》(キャスター)も取《と》りつけられています。

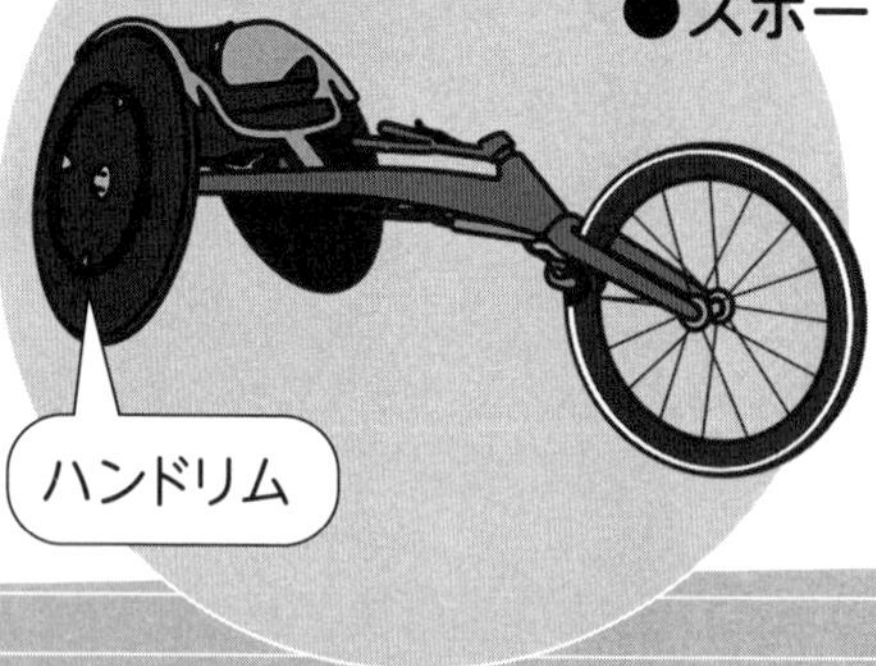

●スポーツ用《よう》(陸上競技用《りくじょうきょうぎよう》)

よりスピードを出《だ》すために考《かんが》えられています。いすの両側《りょうがわ》のほか、前《まえ》にもタイヤがついています。タイヤの外側《そとがわ》にあるひと回《まわ》り小《ちい》さい「ハンドリム」をうででおし回《まわ》して進《すす》みます。とても軽《かる》い素材《そざい》が使《つか》われています。

Dreamer

Oda Tokito

第《だい》5章《しょう》

世界《せかい》で活《かつ》やくするためのきそ固《がた》め

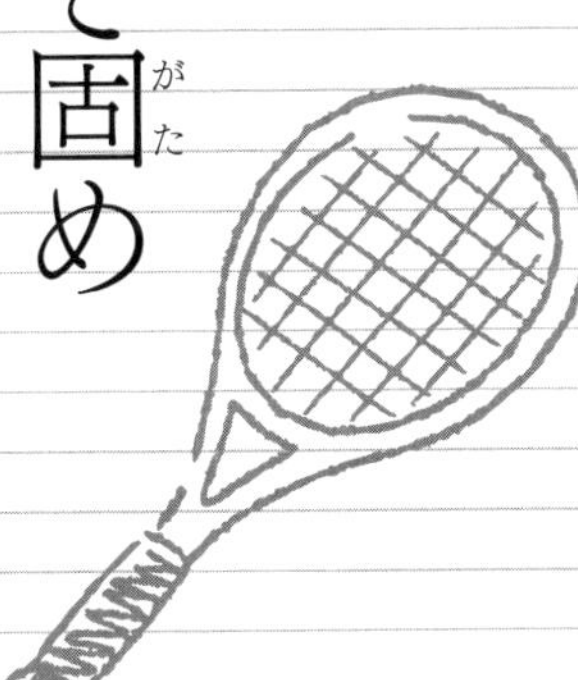

ニットぼうは、もういらない

退院《たいいん》したのは、二〇一六年《ねん》三月《がつ》。九か月間《げっかん》の長《なが》い入院生活《にゅういんせいかつ》になりました。凱人《ときと》は、長《なが》い間休《あいだやす》んでいた小学校《しょうがっこう》に通《かよ》うようになりました。凱人《ときと》は、おもしろいことをいって友《とも》だちを笑《わら》わせるような、クラスのもりあげ役《やく》でした。その凱人《ときと》が学校《がっこう》にもどったので、友《とも》だちも大《おお》よろこびです。

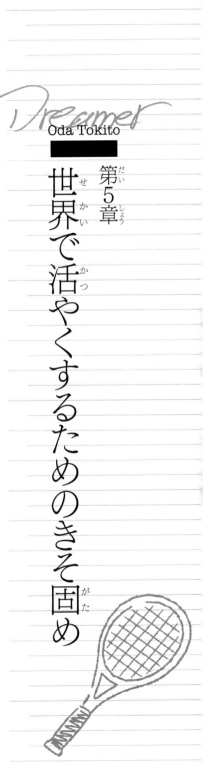

休《やす》んでいたため、勉強《べんきょう》はおくれぎみでした。そこで、体育《たいいく》の授業《じゅぎょう》のときなどは、凱人《ときと》だけ保健室《ほけんしつ》でつくえに向《む》かい、勉強《べんきょう》をしていました。

ただ、勉強《べんきょう》は、もともとそんなに好《す》きではありません。退院《たいいん》してすぐに、三年生《ねんせい》から四年生《ねんせい》に進級《しんきゅう》し、勉強《べんきょう》もどんどんむずかしくなっていきました。

（がんばって、早《はや》くみんなに追《お》いつかなくては。）

凱人《ときと》には、あせる気持《きも》ちがありました。ただ、いつも頭《あたま》の真《ま》ん中《なか》にあったのは、テニスのことでした。

（早《はや》く家《いえ》に帰《かえ》ってテニスがしたいな。）

学校《がっこう》にいても、ちょっとしたときに、そんな思《おも》いがうかんでくるのでした。

退院《たいいん》してしばらくは、凱人《ときと》は、ニットぼうをかぶって学校《がっこう》に通《かよ》いました。抗《こう》がん剤《ざい》治《ち》りょうのため、かみの毛《け》がぬけてしまったからです。入院《にゅういん》しているときは、変《か》わったかみがたのかつらをかぶったり、付《つ》けひげをつけたりすることもありました。

おもしろいかっこうをすることで、気持《きも》ちが明《あか》るくなったからです。でも、学校《がっこう》ではそうはいきません。かぶっていたのは、ふつうのニットぼうでした。

しかし、あるときから、ニットぼうをかぶらずに学校《がっこう》に行《い》くようになりました。担任《たんにん》の先生《せんせい》が「はずかしがらなくていいんだよ」と、はげましてくれたからです。勇気《ゆうき》を出《だ》してニットぼうをぬいだことは、自分《じぶん》を変《か》えるきっかけになりました。

車《くるま》いすに乗《の》っていると、人《ひと》からじっと見《み》られることがあります。つえをついて歩《ある》いていても、見《み》る人《ひと》がいます。

最初《さいしょ》は、その「目《め》」が気《き》になりました。しかし、凱人《ときと》は、じょじょに受《う》け入《い》れていきました。

もう少《すこ》し大《おお》きくなると、凱人《ときと》はこう考《かんが》えるようになります。

(見《み》られるのは、しかたがない。なるべく見《み》られないようにしよう、と思《おも》う必要《ひつよう》はないんだ。どうせ見《み》られるなら、かっこよくしていよう。)

ニットぼうをぬいだことをきっかけに、凱人《ときと》はまた少《すこ》し成長《せいちょう》したのです。

目標《もくひょう》は二〇二四年《ねん》のパリ・パラリンピック

退院《たいいん》するころには、凱人《ときと》の気持《きも》ちは決《き》まっていました。
(車《くるま》いすテニスプレーヤーになる。)
国枝選手《くにえだせんしゅ》のように、自由自在《じゆうじざい》に車《くるま》いすをあやつり、むねのすくようなショットを決《き》めるテニス選手《せんしゅ》になる。そして……。
(世界一《せかいいち》になる。)

こうして、凱人《ときと》の車《くるま》いすテニスへのちょう戦《せん》が、本格的《ほんかくてき》にスタートしました。

四年生《ねんせい》になったころから、岐阜車《ぎふくるま》いすテニスクラブで練習《れんしゅう》させてもらうようになりました。このクラブで、最初《さいしょ》のコーチである諸石光照《もろいしみつてる》さんに出会《であ》います。

諸石《もろいし》さんは一九六七年生《ねんう》まれの車《くるま》いすテニス選手《せんしゅ》です。下肢《かし》(足《あし》)だけでなく上《じょう》肢《し》(うで)にも障害《しょうがい》がある選手《せんしゅ》が出場《しゅつじょう》する種目《しゅもく》「クアード」で、国際大会《こくさいたいかい》にも出場《しゅつじょう》しています。パラリンピックには、二〇一二年《ねん》のロンドンから、二〇一六年《ねん》のリオ、

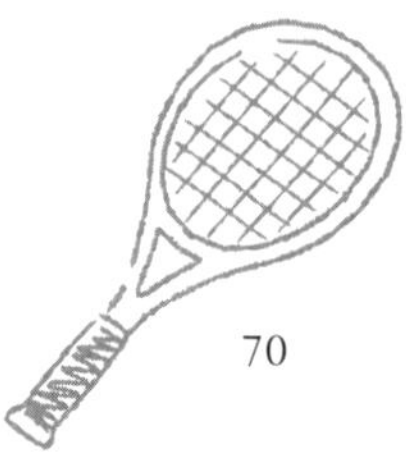

二〇二一年《ねん》の東京《とうきょう》と三度《ど》、出場《しゅつじょう》しています。東京大会《とうきょうたいかい》では菅野浩二選手《すげのこうじせんしゅ》とペアを組《く》んで、ダブルスで銅《どう》メダルをかくとくしました。

諸石《もろいし》さんが活動《かつどう》していた岐阜車《ぎふくるま》いすテニスクラブでは、週《しゅう》に一度《ど》、ジュニアを集《あつ》めて練習会《れんしゅうかい》をおこなっていました。凱人《ときと》はこの練習会《れんしゅうかい》に参加《さんか》したのです。

それまで、凱人《ときと》のテニスは、見《み》よう見《み》まねの自己流《じこりゅう》。動画《どうが》で選手《せんしゅ》の打《う》ち方《かた》を学《まな》び、お父《とう》さんと公園《こうえん》でボールを打《う》つくらいでした。正式《せいしき》なテニスコートでボールを打《う》つのも初《はじ》めてなら、コーチにテニスを教《おそ》わるのも、この練習会《れんしゅうかい》が初《はじ》めてでした。

ただ、入院中《にゅういんちゅう》から車《くるま》いすを乗《の》りこなしていた凱人《ときと》には、車《くるま》いすの操作《そうさ》はそれほどむずかしいことではありませんでした。もちろん、家族《かぞく》でテニスを練習《れんしゅう》していたことも役《やく》に立《た》ちました。

諸石《もろいし》さんは、凱人《ときと》のテニスをほめてくれました。「いいね」「すごいね」といってもらえると、自信《じしん》がついて、凱人《ときと》は、ますます、やる気《き》が出《で》てきました。

諸石《もろいし》さんに「ぜひ、週末以外《しゅうまついがい》の練習日《れんしゅうび》にも来《き》てください」とさそわれ、凱人《ときと》は、

岐阜《ぎふ》車《くるま》いすテニスクラブでの練習《れんしゅう》。

このクラブの練習《れんしゅう》に参加《さんか》するようになりました。

練習《れんしゅう》では諸石《もろいし》さんが、つきっきりで教《おし》えてくれます。チェアワーク、つまり車《くるま》いすの操作《そうさ》から、グラウンドストローク（地面《じめん》に着《つ》いてはずんだボールを相手《あいて》のコートに打《う》ちかえすこと）と、諸石《もろいし》さんは車《くるま》いすテニスに必要《ひつよう》なきそをすべて教《おし》えてくれました。

あるわざを身《み》につけなければならないとなったら、凱人《ときと》は何度《なんど》も何度《なんど》も練習《れんしゅう》しました。練習《れんしゅう》をすればするほど、ショットのミスがへり、「得点《とくてん》」がふえていきます。

（あ、こういうふうに、一つ一つ、練習《れんしゅう》していけばいいのか。さぼらずやっていけば、うまくなって、ポイントが取《と》れる。練習《れんしゅう》はきらい、なんていっている場合《ばあい》じゃない。気合《きあい》でやろう。）

サッカーでは、きそ練習《れんしゅう》や、同《おな》じことをくりかえす反復練習《はんぷくれんしゅう》が好《す》きではありませんでした。でも、不思議《ふしぎ》と、テニスならそれも楽《たの》しいと思《おも》えました。凱人《ときと》は、それくらいテニスが大好《だいす》きでした。

凱人《ときと》は、諸石《もろいし》さんと将来《しょうらい》のことを話《はな》すようになりました。中学生《ちゅうがくせい》になったら、あの選手《せんしゅ》に勝《か》って、中学《ちゅうがく》三年《ねん》ではランキングをこのくらいまで上《あ》げて、というように、細《こま》かく、具体的《ぐたいてき》な目標《もくひょう》でした。

このとき、二人《ふたり》がかかげた、もっとも大《おお》きな目標《もくひょう》が、八年後《ねんご》の、二〇二四年《ねん》にパリで開《ひら》かれる予定《よてい》のパラリンピックに出場《しゅつじょう》することでした。

初《はじ》めての試合《しあい》は完敗《かんぱい》

岐阜《ぎふ》車《くるま》いすテニスクラブでの練習《れんしゅう》に通《かよ》うには、車《くるま》で片道《かたみち》三十分《ぷん》ほどかかります。送《おく》りむかえは、おもにお母《かあ》さんが担当《たんとう》で、ときどきお父《とう》さんもしてくれました。両親《りょうしん》は凱人《ときと》をクラブに送《おく》りとどけると、そのまま練習《れんしゅう》が終《お》わるまで待《ま》っていてくれました。車《くるま》に乗《の》っている間《あいだ》も、話題《わだい》はテニスのことばかり。それは凱人《ときと》にとっても両親《りょうしん》にとっても楽《たの》しい時間《じかん》でした。

一球《きゅう》でも多《おお》くボールを打《う》ちたい凱人《ときと》は、クラブでの練習《れんしゅう》のほかに、近《ちか》くの公園《こうえん》でも練習《れんしゅう》しました。また、中学生《ちゅうがくせい》になると、テニスコートを借《か》りて練習《れんしゅう》することもありました。

初《はじ》めて試合《しあい》に出《で》たのは凱人《ときと》が10歳《さい》のころです。一所《いっしょ》けん命《めい》に練習《れんしゅう》してきたので、凱人《ときと》も、お父《とう》さんも、「いける」と思《おも》っていましたが、結果《けっか》は0—6の完敗《かんぱい》でした。くやしさを味《あじ》わった凱人《ときと》は、さらに練習《れんしゅう》に力《ちから》を入《い》れるようになりました。

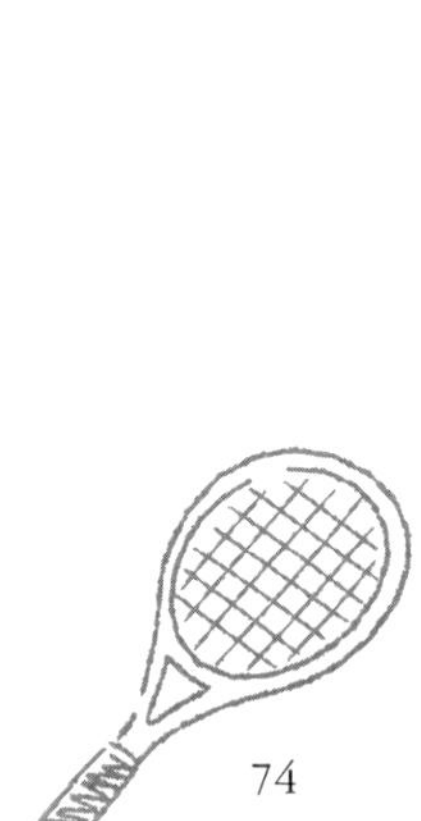

試合《しあい》であちこち遠《えん》せいするようになると、それが家族旅行《かぞくりょこう》の代《か》わりになりました。お父《とう》さんは、たくさんしゅ味《み》を持《も》っていましたから、それまで、小田家《おだけ》のレジャーといえば、お父《とう》さんが好《す》きなことを家族《かぞく》みんなで楽《たの》しむことでした。ところが、凱《とき》人《と》がテニスの練習《れんしゅう》や試合《しあい》でいそがしくなると、家族《かぞく》はテニスを中心《ちゅうしん》に行動《こうどう》するようになっていきました。

今《いま》は勝《か》てなくても、いいと思《おも》ったことをやる

お父《とう》さんはふだんから、口《くち》ぐせのように「お前《まえ》ならできる」といって、はげましてくれました。ただ、試合《しあい》で負《ま》けたときなどに、「なんで、できないのか」ときびしい言葉《ことば》をかけられることもありました。

凱人《ときと》は、それをすなおに聞《き》いていました。

(きびしくいわれるのは、期待《きたい》してくれているからだ。)

お父《とう》さんが、自分《じぶん》のことを思《おも》っていってくれていることが、凱人《ときと》にはわかりました。だから、きびしくいわれても、受《う》け入《い》れることができました。

ただ、お父《とう》さんのアドバイスを聞《き》いても、すなおにしたがわないこともありました。凱人《ときと》は、自分《じぶん》のやりたいやり方《かた》で、テニスをしていました。そうして、勝《か》ったり負《ま》けたりが続《つづ》いていました。

そのようすを見《み》て、お父《とう》さんは（何《なに》をいっても、この子《こ》は聞《き》かないな）と気《き》がつきました。そして、凱人《ときと》に、こういいました。

「好《す》きにやればいい。勝《か》ち負《ま》けなんか関係《かんけい》なく。自分《じぶん》が好《す》きなことをやって、勝《か》てれば、それでいいんじゃないか。」

がん固《こ》に自分《じぶん》のやり方《かた》をつらぬく凱人《ときと》に、お父《とう》さんも根負《こんま》けしたのです。

凱人《ときと》は、お母《かあ》さんには、自分《じぶん》の気持《きも》ちを明《あ》かしました。

「次《つぎ》のことを考《かんが》えて、チャレンジしている部分《ぶぶん》があるんだよ。練習《れんしゅう》ではできない、試合《しあい》の中《なか》でやらないとわからないことだから、試合《しあい》でチャレンジしているんだ。」

今《いま》は勝《か》ったり負《ま》けたりでも、それは大事《だいじ》ではない。将来《しょうらい》、もっと強《つよ》くなるためには、今《いま》、こういうプレーを試合《しあい》でやってみる必要《ひつよう》がある——そこまではっきりとした形《かたち》ではありませんでしたが、凱人《ときと》の頭《あたま》にあったのは、そんな考《かんが》えでした。

凱人《ときと》は、自分《じぶん》に必要《ひつよう》だと思《おも》うことをやり続《つづ》けました。それは今《いま》でも変《か》わりません。どんな試合《しあい》でも、こうと決《き》めたら、失敗《しっぱい》しても、そのプレーをやり続《つづ》けます。

そんな凱人《ときと》を見《み》て、お父《とう》さんは思《おも》うのです。

「こんな大《おお》きな大会《たいかい》で、チャレンジしている。あいつのやりたいスタイルをつらぬいている。すごくいいことだな。」

今《いま》の凱人《ときと》のテニスは超《ちょう》こうげきがたです。得意《とくい》の強《つよ》いサーブ*とストロークで、ぐいぐいおしていきます。ライジングショットといって、バウンドした直後《ちょくご》のボールを打《う》つこともあります。そうして、まるでたっ球《きゅう》のような、すばやいこうげきをしかけるのです。さらに、後《うし》ろで打《う》ち合《あ》うだけでなく、積極的《せっきょくてき》にネットにつめて、ボレー（ノーバウンドで打《う》つ、こうげき的《てき》なショット）で決《き》める場面《ばめん》も多《おお》いのです。

*サーブとストローク…サーブは、最初《さいしょ》のボールを打《う》ちこむこと。ストロークは、コートにバウンドしたボールを打《う》ち返《かえ》すこと。

（これが自分《じぶん》のやり方《かた》なんだ。）

一度《いちど》決《き》めたら、だれがなんといおうとやり続《つづ》ける。そんな気持《きも》ちで、みがきあげた、凱人《ときと》の「スタイル」です。

世界《せかい》で活《かつ》やくするために、英語《えいご》を習得《しゅうとく》

凱人《ときと》が初《はじ》めて海外《かいがい》の試合《しあい》にいどんだのは二〇一九年《ねん》七月《がつ》のこと。海外遠《かいがいえん》せいでは英語《えいご》が必要《ひつよう》なので、凱人《ときと》は英会話《えいかいわ》を勉強《べんきょう》しました。

といっても、英語教室《えいごきょうしつ》に通《かよ》ったり、家庭教師《かていきょうし》についたりしたわけではありません。遠《えん》せい先《さき》で実際《じっさい》に使《つか》いながら、身《み》につけていったのです。

試合《しあい》や練習《れんしゅう》を終《お》えてホテルに帰《かえ》ってくると、その日《ひ》、初《はじ》めて聞《き》いた単語《たんご》の意味《いみ》や使《つか》い方《かた》を調《しら》べて、それを使《つか》って話《はな》す練習《れんしゅう》をしました。じょうずに話《はな》せなくても、積《せっ》極的《きょくてき》に、まわりの人《ひと》に話《はな》しかけました。また、ＴｉｋＴｏｋ《ティックトック》（アプリの名前《なまえ》）の動《どう》

画《が》などを見《み》て、英語《えいご》の言《い》い回《まわ》しを覚《おぼ》えました。しぐさや、表情《ひょうじょう》をふくめて、どんな調子《ちょうし》で話《はな》せばうまく伝《つた》わるか。まわりの人《ひと》が話《はな》すのを聞《き》いて、また、動画《どうが》を見《み》て、自分《じぶん》で実際《じっさい》にやってみる——そうやって英語《えいご》を覚《おぼ》えていったのです。

（ちょっとくらい、ちぐはぐな会話《かいわ》になっても、おたがい、伝《つた》わっていればいい。）

そう思《おも》えば、まちがえたらどうしよう、と気《き》がひけてしまうこともありません。

凱人《ときと》の英語《えいご》は、話《はな》すことでどんどん上達《じょうたつ》していきました。

もともと勉強《べんきょう》が大好《だいす》きというわけではありませんが、英語《えいご》の勉強《べんきょう》は別《べつ》でした。海外《かいがい》で試合《しあい》をするには、まわりの選手《せんしゅ》たちと仲良《なかよ》くなることもたいせつです。

（仲《なか》が悪《わる》かったら、テニスの試合《しあい》どころじゃなくなってしまう。）

試合《しあい》ではライバル同士《どうし》でも、ふだんは同《おな》じチームの一員《いちいん》のような、大会《たいかい》を転戦《てんせん》*する仲間《なかま》。凱人《ときと》はまわりの選手《せんしゅ》をそんなふうに見《み》ていました。

英語《えいご》を使《つか》い、積極的《せっきょくてき》に話《はな》しかけていると、いつしか、外国《がいこく》の選手《せんしゅ》たちも凱人《ときと》を仲間《なかま》として見《み》てくれるようになりました。

＊転戦《てんせん》…あちこちと場所《ばしょ》を変《か》えて戦《たたか》うこと。ここでは、世界各地《せかいかくち》で開《かい》さいされるテニスの公式戦《こうしきせん》に出場《しゅつじょう》すること。

（選手《せんしゅ》たちと仲《なか》が良《よ》くなると、テニスも上達《じょうたつ》するんだな。）

一見《いっけん》、関係《かんけい》がなさそうに見《み》えますが、凱人《ときと》はそう思《おも》っていました。

そうやって、凱人《ときと》は選手《せんしゅ》に必要《ひつよう》な経験《けいけん》を積《つ》んでいきました。それと当時《とうじ》に、ジュニアの世界《せかい》ランキングもぐんぐん上昇《じょうしょう》していきました。

ついに、二〇二〇年《ねん》二月《がつ》には、18歳以下《さいいか》の選手《せんしゅ》で争《あらそ》う世界《せかい》ジュニアマスターズで、史上最年少優勝《しじょうさいねんしょうゆうしょう》（13歳《さい》8か月《げつ》）をかざります。さらに、二〇二一年《ねん》四月《がつ》には、やはり史上最年少《しじょうさいねんしょう》の14歳《さい》11か月《げつ》で、初《はじ》めて世界《せかい》ジュニアランキング1位《い》になりました。

コラム 2

車《くるま》いすテニスのルール

車《くるま》いすに乗《の》っておこなうテニスです。使用《しよう》するコート、ボール、ネットの高《たか》さは、健常者《けんじょうしゃ》がするいっぱんのテニスと同《おな》じです。試合《しあい》は1対《たい》1のシングルスと、二人一組《ふたりひとくみ》のダブルスがあります。

●参加《さんか》しかくとクラス

車《くるま》いすテニスに参加《さんか》するのは、下肢《かし》（足《あし》）に障害《しょうがい》があり、車《くるま》いすを使用《しよう》する選手《せんしゅ》です。上肢《じょうし》（うで）にも障害《しょうがい》のある選手《せんしゅ》が出場《しゅつじょう》する「クアード」クラスもあり、男女混合《だんじょこんごう》で試合《しあい》をおこないます。

●おもなルールといっぱんのテニスとのちがい

車《くるま》いすテニスで使用《しよう》するコート、ボール、ネットの高《たか》さは、いっぱんのテニスと同《おな》じです。いっぱんのテニスでは、ボールを相手《あいて》のコートに、1回《かい》のバウンドまでで打《う》ち返《かえ》しますが、車《くるま》いすテニスでは2回《かい》のバウンドまでみとめられています。そのほか、ボールを打《う》つときに、車《くるま》いすから体《からだ》がはなれない、などの細《こま》かいルールがあります。

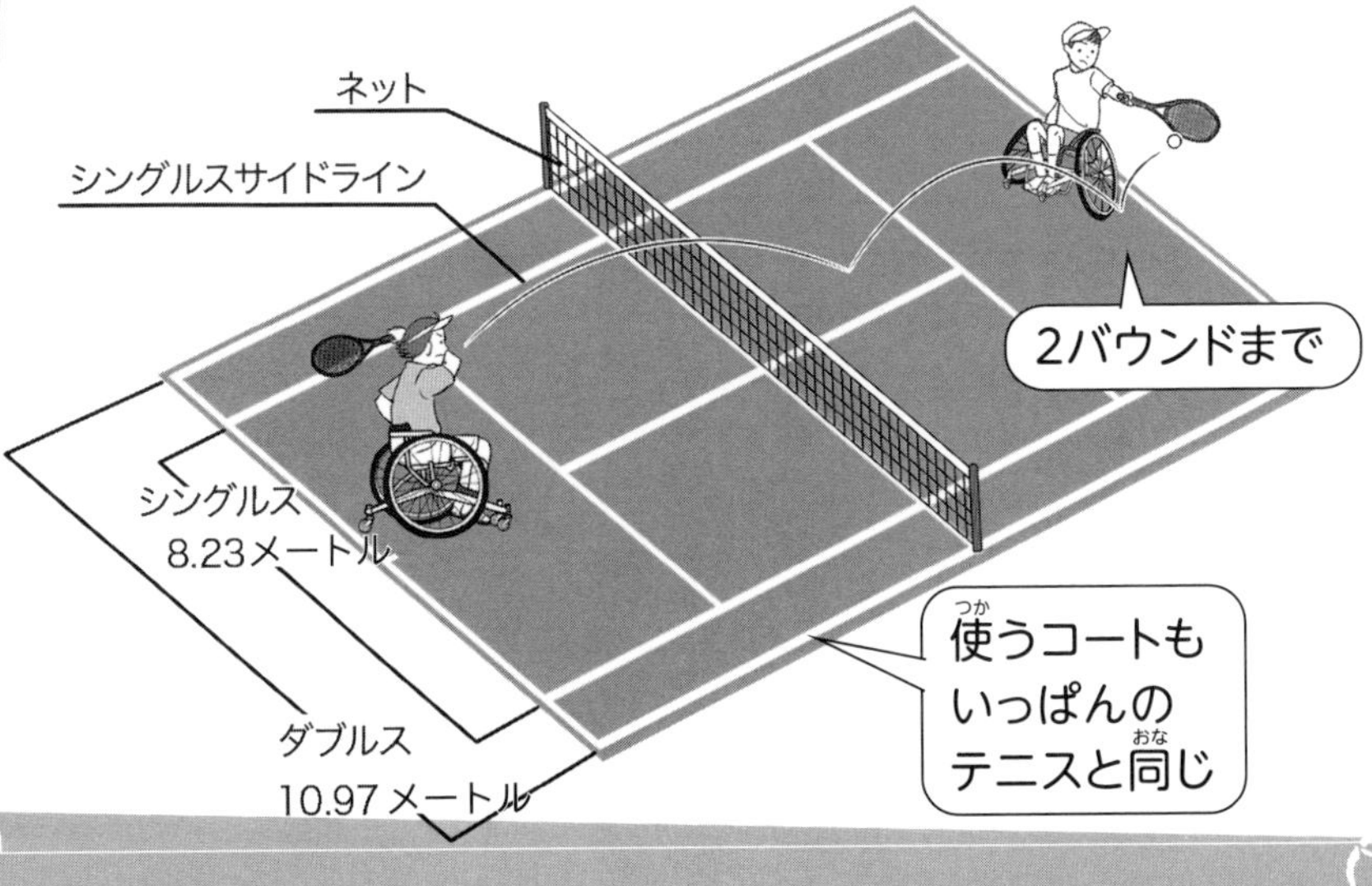

Dreamer

Oda Tokito

第《だい》6章《しょう》 四大大会《よんだいたいかい》デビュー

初《はじ》めて出場《しゅつじょう》した「四大大会《よんだいたいかい》」

凱人《ときと》が今《いま》いるのは、「四大大会《よんだいたいかい》」の一つ、全仏《ぜんふつ》オープンの会場《かいじょう》、ローラン・ギャロス。二〇二二年《ねん》五月《がつ》、16歳《さい》の凱人《ときと》は、初《はじ》めて四大大会《よんだいたいかい》でプレーするチャンスをつかみました。ジュニア部門《ぶもん》への出場《しゅつじょう》ではなく、世界《せかい》ランキング9位《い》として、国枝選《くにえだせん》手《しゅ》など、車《くるま》いすテニスのトップ選手《せんしゅ》と同《おな》じぶたいに立《た》ったのです。

（いよいよ、自分《じぶん》もここでプレーするんだ。）
初《はじ》めて会場《かいじょう》に足《あし》をふみいれたしゅん間《かん》から、凱人《ときと》はこうふんをおさえきれませんでした。

全仏《ぜんふつ》オープンは、車《くるま》いすテニス選手《せんしゅ》と健常者部門《けんじょうしゃぶもん》の選手《せんしゅ》が同《おな》じ会場《かいじょう》で、また、同《おな》じ会期《かいき》で、それぞれの部門《ぶもん》での優勝《ゆうしょう》をかけて争《あらそ》う、数少《かずすく》ない大会《たいかい》の一つです。

会場《かいじょう》では、ノバク・ジョコビッチ選手《せんしゅ》（セルビア）や、ラファエル・ナダル選手《せんしゅ》（スペイン）など、有名選手《ゆうめいせんしゅ》もたくさん練習《れんしゅう》していました。ジョコビッチ選手《せんしゅ》は四《よん》大大会《だいたいかい》で最多《さいた》の24回《かい》（二〇二四年《ねん》十二月時点《がつじてん》）の優勝記録《ゆうしょうきろく》を持《も》つ、史上最強《しじょうさいきょう》といわれるテニス選手《せんしゅ》。ナダル選手《せんしゅ》はこの全仏《ぜんふつ》オープンで14回《かい》の優勝《ゆうしょう》をかざる「クレーコート*の王様《おうさま》」です。

健常者部門《けんじょうしゃぶもん》でシングルスに出場《しゅつじょう》する選手《せんしゅ》は、男子《だんし》、女子《じょし》とも128人《にん》。そのほかにダブルスや、男女《だんじょ》でペアを組《く》むミックスダブルスもあります。また、18歳以下《さいいか》の選手《せんしゅ》で優勝《ゆうしょう》を争《あらそ》うジュニア部門《ぶもん》もあります。

＊クレーコート…表面《ひょうめん》がねん土《ど》や赤土《あかつち》などでできたテニスコート。

（出《で》ている選手《せんしゅ》の数《かず》も多《おお》いし、会場《かいじょう》の広《ひろ》さも、お客《きゃく》さんの数《かず》も、これまでに見《み》たことがないほどだ。）

凱人《ときと》はまず、四大大会《よんだいたいかい》のきぼの大《おお》きさにおどろきました。そして、何《なに》よりあっとうされたのが、出場《しゅつじょう》する選手《せんしゅ》たちが持《も》っている、熱《あつ》い気持《きも》ちでした。

四大大会《よんだいたいかい》に出《で》ることは、すべてのテニス選手《せんしゅ》の目標《もくひょう》です。「絶対《ぜったい》、四大大会《よんだいたいかい》に出《で》る」そう心《こころ》にちかってから、5年《ねん》も10年《ねん》もかけて、選手《せんしゅ》によっては20年《ねん》も努力《どりょく》を続《つづ》けて、ようやくたどりつける、最高《さいこう》の場所《ばしょ》なのです。ですから、出場《しゅつじょう》する選手《せんしゅ》たちは、ふだんの大会《たいかい》より、もっともっと、やる気《き》を出《だ》して試合《しあい》にのぞみます。

がんばるぞ。絶対《ぜったい》、勝《か》つぞ。どの選手《せんしゅ》も、そんな気《き》はくにあふれています。遠《とお》くから練習《れんしゅう》を見《み》たり、通路《つうろ》ですれちがったりするだけでも、選手《せんしゅ》たちの気持《きも》ちの熱《あつ》さが、凱人《ときと》のはだに伝《つた》わってきました。

そんな、テニス選手《せんしゅ》の夢《ゆめ》のぶたいに、凱人《ときと》は16歳《さい》で初《はじ》めて出場《しゅつじょう》したのです。史上《しじょう》最年少《さいねんしょう》での四大大会出場《よんだいたいかいしゅつじょう》です。

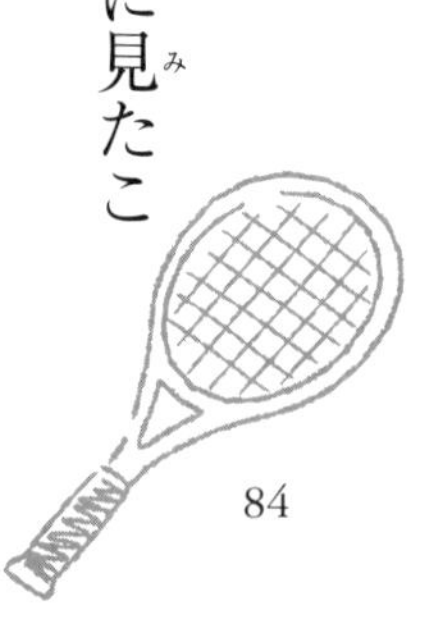

また、凱人《ときと》は全仏《ぜんふつ》オープンに出場《しゅつじょう》する少《すこ》し前《まえ》の二〇二二年《ねん》四月《がつ》に「プロせん言《げん》」をしていました。

プロテニス選手《せんしゅ》とは、会社《かいしゃ》に所属《しょぞく》して給料《きゅうりょう》をもらうのではなく、大会《たいかい》の賞金《しょうきん》や、スポンサーとのけいやく金《きん》などで収入《しゅうにゅう》をえて、生活《せいかつ》する選手《せんしゅ》です。

このとき凱人《ときと》は、SNS《エスエヌエス》*に、プロになるにあたっての気持《きも》ちや目標《もくひょう》を書《か》きました。

〈これからは選手《せんしゅ》として、日本のパラスポーツをもりあげ、障害《しょうがい》のある子《こ》どもたちでも活《かっ》やくできるような世《よ》の中《なか》をつくっていける選手《せんしゅ》になり、そして、今《いま》、病気《びょうき》とたたかっている子《こ》どもたちのヒーロー的《てき》なそんざいになれるよう、さらにがんばっていきたいと考《かんが》えています〉

世界中《せかいじゅう》のスポーツファンが注目《ちゅうもく》する四大大会《よんだいたいかい》で活《かつ》やくすることは、選手《せんしゅ》として、もっとも名《めい》よなことです。パラスポーツをもりあげることにもつながります。プロとしての目標《もくひょう》に向《む》かって、第《だい》一歩《ぽ》をふみだすチャンスがやってきたのです。

全仏《ぜんふつ》オープンが開《かい》さいされるパリの名所《めいしょ》といえば、凱人《ときと》が「凱《とき》」の漢字《かんじ》をもらっ

*SNS《エスエヌエス》…ソーシャルネットワーキングサービスのこと。インターネット上《じょう》で交流《こうりゅう》できる仕組《しく》み。X《エックス》（旧《きゅう》ツイッター）など。

た凱旋門《がいせんもん》です。そのパリで、凱人《ときと》は初《はじ》めて四大大会《よんだいたいかい》に出《で》ることになったのですから、「めぐりあわせ」というのはほんとうに不思議《ふしぎ》です。

あこがれの国枝選手《くにえだせんしゅ》にいどむ

凱人《ときと》が1回戦《かいせん》のコートに入場《にゅうじょう》しました。相手《あいて》は、世界《せかい》ランキング7位《い》のニコラ・パイファー選手《せんしゅ》。地元《じもと》フランスの選手《せんしゅ》です。パイファー選手《せんしゅ》は、パラリンピックのダブルスでリオ大会《たいかい》、東京大会《とうきょうたいかい》を2連《れん》ぱしている強《きょう》てきです。ランキングでも、これまでの経験《けいけん》や実績《じっせき》を見《み》ても、凱人《ときと》の不利《ふり》が予想《よそう》されました。

試合《しあい》が始《はじ》まりました。凱人《ときと》はいつものように、全力《ぜんりょく》でボールを打《う》ちました。相手《あいて》が打《う》ったボールを拾《ひろ》って守《まも》るのではなく、できるだけ自分《じぶん》からこうげきを仕《し》かけるようにしました。

しかし、ミスも多《おお》く、なかなかリードできません。

(よけいな力《ちから》が入《はい》っているな。)

初《はじ》めての四大大会《よんだいたいかい》で、凱人《ときと》は少《すこ》しきんちょうしていました。それでも、相手《あいて》がミスをしてくれるのを待《ま》つのではなく、こうげきしてポイントを取《と》ることだけを考《かんが》えていました。

そうするうちに、ミスもへって、凱人《ときと》のリードがじょじょに大《おお》きくなります。

終《お》わってみれば、6―1、6―3の快勝《かいしょう》でした。

試合《しあい》のあと、凱人《ときと》は、記者《きしゃ》たちの前《まえ》で、こんな言葉《ことば》で試合《しあい》をふりかえりました。

「いつもどおりのプレーができれば、もっとかんたんに勝《か》てたと思《おも》います。」

(きんちょうしていたこともあって、ミスが多《おお》かった。自分《じぶん》はもっといい試合《しあい》ができる。)

そう思《おも》ったからです。

おどろいたのは、これを聞《き》いた記者《きしゃ》たちです。凱人《ときと》は、16歳《さい》になったばかり。初《はじ》めての四大大会《よんだいたいかい》で完勝《かんしょう》したのに、少《すこ》しも満足《まんぞく》していないようすです。すごい若者《わかもの》が出《で》てきたな、と思《おも》わずにいられません。

2回戦《かいせん》でも、イギリスのゴードン・リード選手《せんしゅ》に6―1、6―4で勝利《しょうり》をおさめます。リード選手《せんしゅ》は、リオ・パラリンピックのシングルスで金《きん》メダルをかくとくした強《つよ》い選手《せんしゅ》です。車《くるま》いすテニスを始《はじ》めたばかりの凱人《ときと》は、そのリオ大会《たいかい》をテレビで観戦《かんせん》しました。また、リード選手《せんしゅ》は、同《おな》じ左《ひだり》ききということもあって、凱人《ときと》が打《う》ち方《かた》などの参考《さんこう》にしていた選手《せんしゅ》でした。

その選手《せんしゅ》をあっとうして勝《か》ったのですから、おどろきです。次《つぎ》は、いよいよ準決《じゅんけっ》勝《しょう》。対戦相手《たいせんあいて》は、あの国枝選手《くにえだせんしゅ》でした。凱人《ときと》にとって、車《くるま》いすテニスを始《はじ》めるきっかけになった選手《せんしゅ》です。世界《せかい》ランキングでトップ10に入《はい》った凱人《ときと》でしたが、国枝選《くにえだせん》手《しゅ》のプレーや試合態度《しあいたいど》には、まだまだ学《まな》ぶことも多《おお》いと思《おも》っていました。

それでも、国枝選手《くにえだせんしゅ》との対戦《たいせん》が決《き》まると、凱人《ときと》は心《こころ》に決《き》めました。

(たとえ国枝選手《くにえだせんしゅ》でも、今《いま》はライバルとして見《み》なくてはいけない。いだいな先《せん》ぱいではなく、一人《ひとり》の選手《せんしゅ》として。)

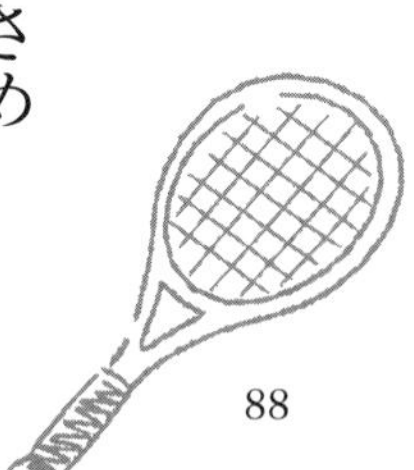

試合開始《しあいかいし》です。しかし、凱人《ときと》はなかなか調子《ちょうし》をつかめませんでした。いつものように積極的《せっきょくてき》にこうげきしたいのですが、ぎゃくに、国枝選手《くにえだせんしゅ》がつねに先《さき》にせめてきます。しかも、せめがきびしく、ミスもまったくといっていいほど、ありません。最初《さいしょ》からせめていく――これが国枝選手《くにえだせんしゅ》の作戦《さくせん》でした。凱人《ときと》とはこの年《とし》の一月《がつ》に対戦《たいせん》して、国枝選手《くにえだせんしゅ》が勝《か》っています。しかし、その試合《しあい》で凱人《ときと》のこうげきに苦《くる》しんだ国枝選手《くにえだせんしゅ》は、凱人《ときと》のせめをふせごうと、先《さき》にせめていくことにしたのです。

「こうげきは最大《さいだい》のぼうぎょなり」。いろいろなスポーツで使《つか》われる言葉《ことば》です。国《くに》枝選手《えだせんしゅ》はまさにこの言葉《ことば》どおりの作戦《さくせん》で、凱人《ときと》に思《おも》うようにプレーさせてくれませんでした。

完敗《かんぱい》した凱人《ときと》は、記者《きしゃ》たちの前《まえ》で、こう話《はな》しました。

「経験《けいけん》と力《ちから》の差《さ》を感《かん》じました。こういう四大大会《よんだいたいかい》の場《ば》で経験《けいけん》を積《つ》み、大《おお》きいぶたいでも、いつも以上《いじょう》のプレーができる力《ちから》をつけないといけないと思《おも》います。」

凱人《ときと》のすなおな気持《きも》ちでした。あこがれの国枝選手《くにえだせんしゅ》と四大大会《よんだいたいかい》で試合《しあい》ができたうれしさよりも、何倍《なんばい》も何倍《なんばい》も大《おお》きかったのが、国枝選手《くにえだせんしゅ》に負《ま》けた、くやしさでした。

それでも、凱人《ときと》は自分《じぶん》に、こう言《い》い聞《き》かせました。

(国枝選手《くにえだせんしゅ》はとんでもなく強《つよ》い。でも、それをこえないと、自分《じぶん》が目標《もくひょう》にしている世界《せかい》ランキング1位《い》は見《み》えてこないんだ。)

©Hiromasa MANO

初《はじ》めて出場《しゅつじょう》した全仏《ぜんふつ》オープン。国枝選手《くにえだせんしゅ》には敗《やぶ》れたが、ベスト4《フォー》入《い》りを果《は》たす。

Dreamer

Oda Tokito

第《だい》7章《しょう》 国枝《くにえだ》さんからのバトン

国枝《くにえだ》さんが口《くち》にした、意外《いがい》な言葉《ことば》

「引退《いんたい》するかもしれない。」

国枝《くにえだ》さんの口《くち》から、意外《いがい》な言葉《ことば》が出《で》てきました。

二〇二二年《ねん》のウィンブルドン（イギリス）の、選手《せんしゅ》ひかえ室《しつ》でのことでした。国枝《くにえだ》さんは、つい先《さき》ほど、シングルスで初優勝《はつゆうしょう》して、ひかえ室《しつ》にもどってきたところです。この優勝《ゆうしょう》によって、全豪《ぜんごう》、全仏《ぜんふつ》、ウィンブルドン、全米《ぜんべい》の、四大大会《よんだいたいかい》すべてで優勝《ゆうしょう》し、さらにパラリンピックでも金《きん》メダルをかくとくする、「生涯《しょうがい》ゴールデンスラム」を達成《たっせい》しました。

車《くるま》いすテニスで史上初《しじょうはつ》のゴールデンスラム達成者《たっせいしゃ》になった国枝選手《くにえだせんしゅ》が、凱人《ときと》に引退《いんたい》を考《かんが》えていると、打《う》ち明《あ》けたのです。

(引退《いんたい》は、ないんじゃないか。)

凱人《ときと》には、その言葉《ことば》が国枝《くにえだ》さんの本心《ほんしん》とは思《おも》えませんでした。

(自分《じぶん》もプロになって、これから本格的《ほんかくてき》に国枝《くにえだ》さんにちょう戦《せん》しようというときに、引退《いんたい》してしまうなんて。)

(まだ一度《ど》も勝《か》たせてもらっていないのに。)

ふくざつな思《おも》いが、凱人《ときと》の頭《あたま》の中《なか》で、ぐるぐると、うずをまきました。

もちろん、それは国枝《くにえだ》さんの正直《しょうじき》な気持《きも》ちでした。ただ、国枝選手《くにえだせんしゅ》がほんとうに引退《いんたい》をするのは、もう少《すこ》し先《さき》のことになります。

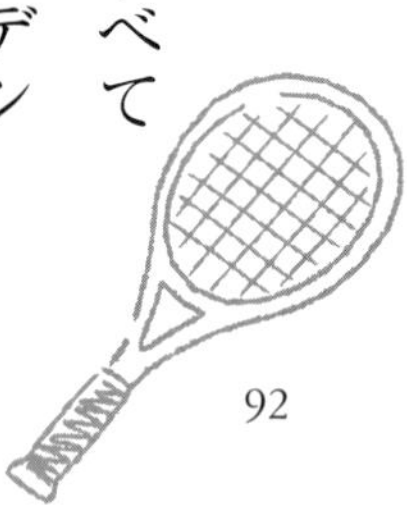

同《おな》じ年《とし》の十月《がつ》、二人《ふたり》は楽天《らくてん》ジャパンオープンの決勝《けっしょう》で対戦《たいせん》しました。会場《かいじょう》は東京《とうきょう》の有明《ありあけ》コロシアムでした。

二〇一二年《ねん》と二〇一四年《ねん》には、錦織選手《にしこりせんしゅ》が優勝《ゆうしょう》するなど、ジャパンオープンは日本中《じゅう》のテニスファンが注目《ちゅうもく》する大会《たいかい》です。全国《ぜんこく》から観客《かんきゃく》が集《あつ》まり、もりあがるようすを見《み》ていた国枝《くにえだ》さんは、車《くるま》いすテニス選手《せんしゅ》たちも、こんな晴《は》れやかなぶたいでプレーできたらどんなにいいだろう、と考《かんが》えるようになりました。そして、大会《たいかい》を主《しゅ》さいする日本テニス協会《きょうかい》に、車《くるま》いすテニス部門《ぶもん》の開《かい》さいを働《はたら》きかけ、二〇一九年《ねん》からおこなわれるようになったのです。

この大会《たいかい》で、凱人《ときと》と国枝選手《くにえだせんしゅ》はともに勝《か》ちあがり、決勝《けっしょう》に進《すす》みました。凱人《ときと》と優勝《ゆうしょう》をかけて対戦《たいせん》することが決《き》まると、国枝選手《くにえだせんしゅ》はインタビューでこう話《はな》しました。

「凱人《ときと》はこうげき的《てき》に、すごくいいプレーをします。ぼくにとって、かれがしげきになっているのはたしかです。東京《とうきょう》・パラリンピックでは、満員《まんいん》のお客《きゃく》さんの中《なか》でやりたいと思《おも》っていましたが、（新型《しんがた》コロナウイルスの感染拡大《かんせんかくだい》で）無観客《むかんきゃく》での開《かい》さいで、実現《じつげん》しませんでした。でも、明日《あす》の決勝《けっしょう》では、満員《まんいん》のお客《きゃく》さんの前《まえ》で試合《しあい》ができると思《おも》います。それも、すごく楽《たの》しみです。」

凱人《ときと》にも、東京《とうきょう》でおこなわれる国際大会《こくさいたいかい》で、たくさんのお客《きゃく》さんの前《まえ》で試合《しあい》をすることに、特別《とくべつ》な思《おも》いがありました。しかも、相手《あいて》は名選手《めいせんしゅ》の国枝《くにえだ》さんです。

（自分《じぶん》を知《し》ってもらうだけでなく、車《くるま》いすテニスを、いろいろな人《ひと》が知《し》るきっかけになるんじゃないか。）

試合《しあい》の勝《か》ち負《ま》けだけでなく、車《くるま》いすテニスが注目《ちゅうもく》されることを願《ねが》う気持《きも》ちは、凱人《ときと》も同《おな》じでした。

有明《ありあけ》コロシアムの決戦《けっせん》

二人《ふたり》が想像《そうぞう》したとおり、決勝《けっしょう》がおこなわれる有明《ありあけ》コロシアムには、満員《まんいん》に近《ちか》い観《かん》

客《きゃく》がつめかけていました。

いよいよ決勝《けっしょう》の試合開始《しあいかいし》です。先《さき》にいきおいに乗《の》ったのは国枝選手《くにえだせんしゅ》でした。強《つよ》いショットを中心《ちゅうしん》に、あるときはねばり強《づよ》く、また、あるときはすばやいこうげきで、凱人《ときと》を苦《くる》しめます。第《だい》1セットは国枝選手《くにえだせんしゅ》が取《と》りました。

第《だい》2セットは凱人《ときと》が反《はん》げきしました。凱人《ときと》のラケットのふりが、試合《しあい》の出《で》だしのころよりも、するどくなっていました。このセットは凱人《ときと》が取《と》って、セットカウント1－1です。次《つぎ》の最終《さいしゅう》セットを取《と》ったほうが優勝《ゆうしょう》です。ただ、試合《しあい》のゆくえは、最後《さいご》の最後《さいご》までわかりませんでした。

最終《さいしゅう》セットは、国枝選手《くにえだせんしゅ》が調子《ちょうし》を取《と》りもどしました。凱人《ときと》は、あっという間《ま》に、1－5と大《おお》きく引《ひ》きはなされました。あと1ゲーム失《うしな》えば、国枝選手《くにえだせんしゅ》の優勝《ゆうしょう》です。

しかし、凱人《ときと》もあきらめません。

(自分《じぶん》が勝《か》つためには、これしかない。)

凱人《ときと》は、思《おも》いきりラケットをふりました。もう、1ゲームも落《お》とせないところでしたが、スコアのことはまったく気《き》になりませんでした。ミスをしてポイントを失《うしな》うことも、少《すこ》しもこわくありませんでした。凱人《ときと》は、少《すこ》しでも強《つよ》いボール、相手《あいて》を苦《くる》しめるボールを打《う》つことしか考《かんが》えていませんでした。

凱人《ときと》が、たちまち5ゲームを連続《れんぞく》で取《と》りました。ゲームカウントは6—5。先《さき》ほどまでとはぎゃくに、あと1ゲームで凱人《ときと》の優勝《ゆうしょう》です。

ところが、そのゲームが取《と》れません。

リードする国枝選手《くにえだせんしゅ》を追《お》いかけているとき、凱人《ときと》はよけいなことは何《なに》も考《かんが》えず、無心《むしん》で戦《たたか》っていました。ところが、ゲームカウントでぎゃく転《てん》したとたん、集中力《しゅうちゅうりょく》が、ほんの少《すこ》しだけ、落《お》ちてしまったのです。

凱人《ときと》がゲームを失《うしな》い、試合《しあい》の決着《けっちゃく》は、7点先取《てんせんしゅ》で争《あらそ》う「タイブレーク」に持《も》ちこまれました。

しかし、どんなに気力《きりょく》をふりしぼっても、凱人《ときと》の集中力《しゅうちゅうりょく》はもどりませんでした。

このセット、ゲームカウント1—5から、凱人《ときと》がばん回《かい》できたのは、大《だい》ピンチに

おちいって、ぎゃくに集中力《しゅうちゅうりょく》が上《あ》がったからです。一流《いちりゅう》のスポーツ選手《せんしゅ》は、勝負《しょうぶ》の大事《だいじ》な場面《ばめん》で、とてつもない力《ちから》を発《はっ》きすることがあります。「ゾーンに入《はい》る」というのは、そういう精神《せいしん》のじょうたいを表《あらわ》す言葉《ことば》です。

しかし、長《なが》いテニスの試合《しあい》で、精神《せいしん》を最高《さいこう》のじょうたいにたもつのは、かんたんなことではありません。しかも、相手《あいて》は実力《じつりょく》のある国枝選手《くにえだせんしゅ》です。

「最後《さいご》の最後《さいご》で、どうしても力《ちから》つきてしまうところがありました。」

タイブレークを3―7で落《お》とし、試合《しあい》に敗《やぶ》れた凱人《ときと》は、正直《しょうじき》に気持《きも》ちを明《あ》かしました。

一方《いっぽう》で、勝《か》った国枝選手《くにえだせんしゅ》は、凱人《ときと》との試合《しあい》で味《あじ》わったこわさを、こんな言葉《ことば》で表《あらわ》しました。

「凱人《ときと》がデビューしてから、『いつかやられてしまうかもな』という思《おも》いは、ずっとありました。今日《きょう》は、その日《ひ》になりそうでした。『あ、今日《きょう》か』というのが、頭《あたま》の中《なか》を何度《なんど》もよぎりました。」

2022年楽天《らくてん》ジャパンオープンの決勝後《けっしょうご》、あく手《しゅ》をかわす国枝選手《くにえだせんしゅ》と小田選手《おだせんしゅ》。 ©Hiromasa MANO

国枝選手《くにえだせんしゅ》が、この試合《しあい》で、何度《なんど》も負《ま》けをかくごしたことがわかります。また、それくらい凱人《ときと》の実力《じつりょく》をみとめていたことも、この言葉《ことば》が示《しめ》しています。

凱人《ときと》は、リードしていたのにぎゃく転《てん》されたことを、反省《はんせい》しました。

「ピンチになったときに、集中力《しゅうちゅうりょく》を上《あ》げて追《お》いあげることは、できています。でも、調子《ちょうし》のいいときに、絶対《ぜったい》に相手《あいて》に流《なが》れをわたさないようにすることが、これからの課題《かだい》だと思《おも》います。そこでさらに、ギアを上《あ》げるトレーニングをしないと。」

これが、国枝選手《くにえだせんしゅ》との試合《しあい》で凱人《ときと》が学《まな》

んだことです。

反省《はんせい》とは別《べつ》に、凱人《ときと》には、この試合《しあい》でえたものがありました。

「多《おお》くの観客《かんきゃく》のみなさんの前《まえ》で、こういう熱《あつ》いプレーができたっていうところは満《まん》足《ぞく》しています。車《くるま》いすテニスは、プロスポーツとして、みせる競技《きょうぎ》として成《な》り立《た》つと感《かん》じていましたが、この試合《しあい》では、それを体現《たいげん》できたと思《おも》います。負《ま》けてしまいましたが、そこはうれしかったところです。」

どのお客《きゃく》さんも、この大熱戦《だいねっせん》に、こうふんしたようすでした。試合《しあい》に勝《か》ったのは国枝選手《くにえだせんしゅ》でしたが、この試合《しあい》は国枝選手《くにえだせんしゅ》と凱人《ときと》の二人《ふたり》が、ともに夢《ゆめ》をかなえる試合《しあい》になりました。その夢《ゆめ》とは、満員《まんいん》のお客《きゃく》さんに車《くるま》いすテニスのはく力《りょく》を楽《たの》しんでもらうことです。

くちぐちに「すごい試合《しあい》だったね」「車《くるま》いすテニスっておもしろい」「国枝《くにえだ》さんもさすがに強《つよ》いけど、小田《おだ》くんも楽《たの》しみだね」と話《はな》しながら、お客《きゃく》さんたちは会場《かいじょう》をあとにしたのです。

空港《くうこう》で聞《き》いた「引退《いんたい》」

二〇二三年《ねん》一月《がつ》、凱人《ときと》は四大大会《よんだいたいかい》の全豪《ぜんごう》オープンに出場《しゅつじょう》するために、じゅんびをしていました。前《まえ》の年《とし》に全仏《ぜんふつ》オープンとウィンブルドンで四大大会《よんだいたいかい》に出場《しゅつじょう》しましたが、全豪《ぜんごう》オープンに出場《しゅつじょう》するのは初《はじ》めてです。

メルボルン（オーストラリア）に出発《しゅっぱつ》する日《ひ》、空港《くうこう》にいた凱人《ときと》に、国枝《くにえだ》さんから電話《でんわ》が入《はい》りました。

「引退《いんたい》を決《き》めたんだ。」

電話《でんわ》から聞《き》こえてきた国枝《くにえだ》さんの言葉《ことば》に、凱人《ときと》はおどろきました。

半年前《はんとしまえ》のウィンブルドンで「引退《いんたい》するかもしれない」という言葉《ことば》を聞《き》きましたが、その後《ご》も国枝《くにえだ》さんは試合《しあい》に出《で》ていました。十月《がつ》のジャパンオープンでは、国枝《くにえだ》さんと一生《いっしょう》わすれられないような試合《しあい》もしました。

ですから、凱人《ときと》には「引退《いんたい》」という言葉《ことば》が信《しん》じられませんでした。

国枝《くにえだ》さんは、こう続《つづ》けました。

「車《くるま》いすテニスは、凱人《ときと》が引《ひ》っぱっていってくれ。」

まだ信《しん》じられない気持《きも》ちでしたが、この言葉《ことば》をむねに、凱人《ときと》はオーストラリアに旅立《たびだ》ったのです。

凱人《ときと》には、いろいろな思《おも》いがありました。

（やめないでいてほしかった。）

これが本心《ほんしん》でした。四大大会《よんだいたいかい》やパラリンピックで、国枝《くにえだ》さんに勝《か》つことは、車《くるま》いすテニスを始《はじ》めたときからの夢《ゆめ》でした。前《まえ》の年《とし》の全仏《ぜんふつ》オープンで対戦《たいせん》しましたが、結果《けっか》は完敗《かんぱい》。約《やく》一年半後《ねんはんご》には、パリでパラリンピックが開《ひら》かれます。三十代後半《だいこうはん》になった国枝《くにえだ》さんですが、おとろえは見《み》られません。その国枝《くにえだ》さんとパラリンピックで対戦《たいせん》し、勝《か》ちたいと、凱人《ときと》は強《つよ》く思《おも》っていました。

（パラリンピックで国枝《くにえだ》さんと試合《しあい》をすることは、ぼくのテニス人生《じんせい》で大《おお》きな意味《いみ》を持《も》つ。）

凱人《ときと》はそんなイメージを頭《あたま》の中《なか》にえがいていたのです。

飛行機《ひこうき》は、メルボルンに着《つ》きました。大会《たいかい》は目前《もくぜん》にせまっています。どんなことがあっても、そこで全力《ぜんりょく》をつくすのが、選手《せんしゅ》の使命《しめい》です。

全豪《ぜんごう》オープンの1回戦《かいせん》でアメリカの選手《せんしゅ》をたおした凱人《ときと》は、国枝《くにえだ》さんの引退《いんたい》について、こう語《かた》りました。

「おどろきましたが、今《いま》は自分《じぶん》ががんばらないといけない、しっかりとつなげていかないとだめだなと思《おも》っています。せきにんを強《つよ》く感《かん》じています。」

つなげていく、というのは、国枝《くにえだ》さんのように強《つよ》い選手《せんしゅ》になるということだけではありません。車《くるま》いすテニスを、もっともっと、多《おお》くの人《ひと》に知《し》ってもらうことです。そのために、すばらしい試合《しあい》を見《み》せることです。

凱人《ときと》には、そのたいせつさが、よくわかっていました。

2試合目《しあいめ》の準々決勝《じゅんじゅんけっしょう》で日本の眞田卓選手《さなだたかしせんしゅ》に勝《か》ち、次《つぎ》の準決勝《じゅんけっしょう》では世界《せかい》ランキング

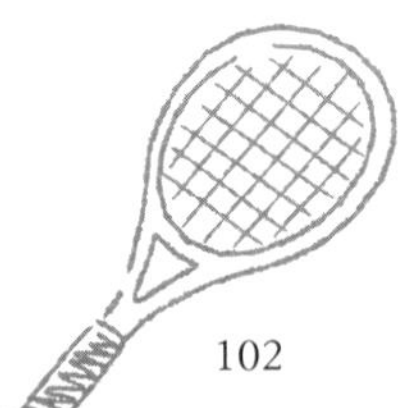

3位《い》のグスタボ・フェルナンデス選手《せんしゅ》（アルゼンチン）と対戦《たいせん》しました。凱人《ときと》は4位《い》で、実力《じつりょく》はほぼ同《おな》じです。試合《しあい》は大接戦《だいせっせん》になりました。

第《だい》1セットを凱人《ときと》が取《と》りましたが、第《だい》2セットはフェルナンデス選手《せんしゅ》がうばいました。最終《さいしゅう》セット、凱人《ときと》は3―5と、あと1ゲーム失《うしな》えば負《ま》けという土俵《どひょう》ぎわまで追《お》いつめられました。

そして、次《つぎ》の第《だい》9ゲームでは、フェルナンデス選手《せんしゅ》にマッチポイントをにぎられてしまいます。もう1ポイントも落《お》とせません。しかし、大《だい》ピンチを乗《の》りこえた凱《とき》人《と》は、4ゲームを続《つづ》けてうばい、ぎゃく転《てん》勝《が》ちを果《は》たしました。

記者《きしゃ》たちの前《まえ》で、凱人《ときと》は、むねをはって、こういいました。

「リードした場面《ばめん》でも、ぎゃくに相手《あいて》にマッチポイントをにぎられた場面《ばめん》でも、自《じ》分《ぶん》なりのテニスをすることが、ぼくにできるただ一つの、勝《か》つ手段《しゅだん》でした。それができたからこそ、まきかえすことができたと思《おも》います。」

前《まえ》の年《とし》に全仏《ぜんふつ》オープンに出《で》たのが、四《よん》大大会初出場《だいたいかいはつしゅつじょう》。わずか4回目《かいめ》の四大大会《よんだいたいかい》出場《しゅつじょう》で、凱人《ときと》は初《はじ》めて決勝《けっしょう》に進《すす》んだのです。

凱人《ときと》は、こんな言葉《ことば》で、決勝《けっしょう》への意気《いき》ごみを表《あらわ》しました。

「国枝選手《くにえだせんしゅ》が引退《いんたい》してから初《はじ》めての大会《たいかい》です。勝《か》つべき人《ひと》はぼくだっていう気持《きも》ちで、つねに試合《しあい》にいどんでいます。」

決勝《けっしょう》の相手《あいて》は世界《せかい》ランキング1位《い》のアルフィー・ヒューエット選手《せんしゅ》（イギリス）でした。立《た》ち上《あ》がりは3―1と先行《せんこう》しましたが、凱人《ときと》が優勢《ゆうせい》だったのはここ

©Hiromasa MANO

国枝選手《くにえだせんしゅ》の引退《いんたい》を受《う》け、強《つよ》い気持《きも》ちでのぞんだ2023年全豪《ねんぜんごう》オープン。

まで。ヒューエット選手《せんしゅ》がいきおいに乗《の》ると、凱人《ときと》が何《なに》をしても試合《しあい》の流《なが》れを変《か》えられません。凱人《ときと》の完敗《かんぱい》でした。

「自分《じぶん》が出《だ》せることをすべて出《だ》しました。そのなかで、相手《あいて》がぼくより強《つよ》かった。実力不足《じつりょくぶそく》というだけです。」

この大会《たいかい》での、凱人《ときと》のちょう戦《せん》は終《お》わりました。でも、チャンスはこの先《さき》、まだまだ、やってくるでしょう。

「国枝《くにえだ》さんが引退《いんたい》した今《いま》、おれの出番《でばん》だという気持《きも》ちは、ぼくがいちばん強《つよ》いと思《おも》います。」

凱人《ときと》は、自分《じぶん》にいい聞《き》かせるように語《かた》りました。

国枝《くにえだ》さんの背中《せなか》を追《お》いかけ、こうして、四大大会《よんだいたいかい》で決勝《けっしょう》を戦《たたか》うまでになったのです。

（国枝《くにえだ》さんのようになる。国枝《くにえだ》さんより、もっと強《つよ》くなる。）

凱人《ときと》は、そう心《こころ》にちかいました。

2023年全豪《ねんぜんごう》オープンの表《ひょう》しょう式《しき》。優勝《ゆうしょう》はライバル、イギリスのヒューエット選手《せんしゅ》だった。

©Hiromasa MANO

Dreamer

Oda Tokito

第《だい》8章《しょう》 世界一《せかいいち》へのちょう戦《せん》

何《なに》がなんでも世界一《せかいいち》になる

二〇二三年《ねん》六月《がつ》、四大大会初出場《よんだいたいかいはつしゅつじょう》から一年《ねん》がたち、また、全仏《ぜんふつ》オープンの季節《きせつ》がやってきました。

今度《こんど》の全仏《ぜんふつ》オープンは、凱人《ときと》にとって、世界一《せかいいち》をかけた大会《たいかい》でした。世界《せかい》ランキングは、過去《かこ》一年《ねん》に出場《しゅつじょう》した大会《たいかい》の成績《せいせき》の合計《ごうけい》で決《き》まります。凱人《ときと》には、この大会《たいかい》で優勝《ゆうしょう》すれば、初《はじ》めて世界《せかい》ランキングで1位《い》になることが確定《かくてい》していました。

「世界一《せかいいち》がかかっている大会《たいかい》です。何《なに》がなんでもタイトルを取《と》りたい。」

大会《たいかい》が始《はじ》まると、凱人《ときと》は優勝《ゆうしょう》を宣言《せんげん》しました。

「結果《けっか》はともかく、ベストをつくします」――そんないい方《かた》で、目標《もくひょう》を口《くち》にするスポーツ選手《せんしゅ》も多《おお》いのですが、凱人《ときと》はちがうタイプです。

1回戦《かいせん》を勝利《しょうり》し、準々決勝《じゅんじゅんけっしょう》ではオランダの選手《せんしゅ》に2―1で勝《か》ちました。第《だい》1セットを取《と》りましたが、第《だい》2セットを落《お》としてしまい、最終《さいしゅう》セットでなんとか流《なが》れを引《ひ》きもどしました。

「第《だい》2セットは相手《あいて》に流《なが》れを持《も》っていかれてしまいました。そこで、もっとギアを上《あ》げて、最終《さいしゅう》セットまでいかないようにしなければいけないと思《おも》います。」

凱人《ときと》の口《くち》から出《で》てきたのは、反省《はんせい》の言葉《ことば》でした。強気《つよき》な凱人《ときと》ですが、優勝《ゆうしょう》するには、もっとしっかりやらなければいけない、と気持《きも》ちを引《ひ》きしめたのでしょう。

準決勝《じゅんけっしょう》では、前《まえ》の試合《しあい》の反省《はんせい》を生《い》かして、スペインの選手《せんしゅ》に6―2、7―6と、

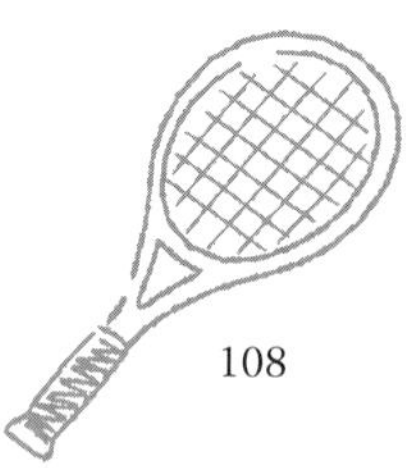

1セットも落《お》とさずに勝《か》ちました。

四大大会初優勝《よんだいたいかいはつゆうしょう》まで、あと1勝《しょう》です。しかも、史上最年少《しじょうさいねんしょう》での世界一《せかいいち》も達成《たっせい》できるのです。準決勝《じゅんけっしょう》に勝利《しょうり》した凱人《ときと》は、いつものように、はきはきと決勝《けっしょう》にのぞむ気《き》持《も》ちを語《かた》りました。

「ここまで、最年少《さいねんしょう》1位《い》を求《もと》めて試合《しあい》をしてきました。ぼくには失《うしな》うものはまったくないので、決勝《けっしょう》でも、自分《じぶん》のテニスをしたいと思《おも》います。」

決勝《けっしょう》の相手《あいて》は、あのヒューエット選手《せんしゅ》でした。凱人《ときと》があこがれ、目標《もくひょう》にしてきた世界《せかい》ランキング1位《い》の選手《せんしゅ》です。

これまでの対戦成績《たいせんせいせき》は1勝《しょう》6敗《ぱい》と、大《おお》きく負《ま》けこしています。それでも、この強敵《きょう》をたおさないことには、世界一《せかいいち》になることはできません。

凱人《ときと》は、最初《さいしょ》から全力《ぜんりょく》で戦《たたか》いました。得意《とくい》のすばやいこうげきが、うまく決《き》まります。相手《あいて》がせめてくる前《まえ》に、自分《じぶん》から先《さき》にせめる作戦《さくせん》です。

第《だい》1セットは相手《あいて》を大《おお》きくリードして、6―1で凱人《ときと》が取《と》りました。第《だい》2セットも先行《せんこう》し、4—2までいきましたが、相手《あいて》にばん回《かい》されて4—4になってしまいました。こうなると、追《お》い上《あ》げる選手《せんしゅ》が有利《ゆうり》です。しかも、相手《あいて》は経験豊富《けいけんほうふ》な選手《せんしゅ》です。しかし、凱人《ときと》の気持《きも》ちは、ゆるぎませんでした。

（絶対《ぜったい》できる。）

心《こころ》の中《なか》で、そういい聞《き》かせながら、戦《たたか》っていました。そして、もっとも大事《だいじ》なこの場面《ばめん》で、凱人《ときと》が2ゲームを続《つづ》けて取《と》りました。6—4でこのセットも凱人《ときと》が取《と》って、とうとう、四大大会初優勝《よんだいたいかいはつゆうしょう》です。

凱人《ときと》は、両手《りょうて》を高《たか》く上《あ》げて、空《そら》を見上《みあ》げました。「1」という数字《すうじ》を表《あらわ》すように、人差《ひとさ》し指《ゆび》を立《た》てています。自分《じぶん》が勝《か》ち取《と》った「世界一《せかいいち》」のしるしです。

次《つぎ》のしゅん間《かん》、自然《しぜん》になみだがこぼれて、それをかくすように、凱人《ときと》は両手《りょうて》で顔《かお》をおおいました。今《いま》までのことを思《おも》い出《だ》し、いろいろな感情《かんじょう》がこみあげてきたのです。

そんけいしていた国枝《くにえだ》さんが引退《いんたい》。おれの出番《でばん》だ、と強《つよ》い気持《きも》ちでのぞんだ全豪《ぜんごう》

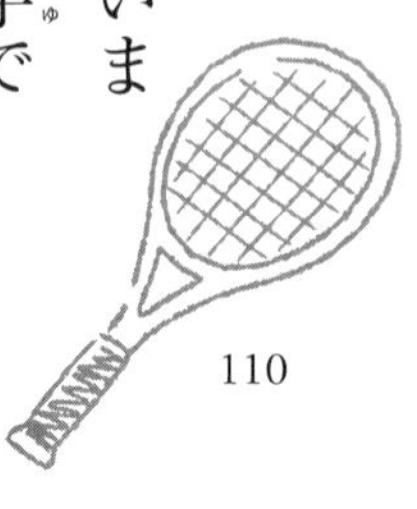

オープンでは、決勝《けっしょう》でヒューエット選手《せんしゅ》にかんたんに負《ま》けてしまいました。それでも、次《つぎ》の四大大会《よんだいたいかい》、全仏《ぜんふつ》オープンで、同《おな》じ選手《せんしゅ》にリベンジしたのです。

四大大会《よんだいたいかい》の車《くるま》いすテニス部門《ぶもん》で、日本の男子選手《だんしせんしゅ》が優勝《ゆうしょう》するのは、国枝《くにえだ》さんに次《つ》いで二人目《ふたりめ》でした。

記者会見《きしゃかいけん》では、英語《えいご》でこんな質問《しつもん》がありました。

「引退《いんたい》した国枝《くにえだ》さんのそんざいは、どれだけはげみになったのでしょう。」

凱人《ときと》はこう答《こた》えました。

「国枝《くにえだ》さんが引退《いんたい》した今《いま》、ぼくが、別《べつ》の歴史《れきし》をつくりたいと思《おも》っています。少《すこ》しプレッシャーを感《かん》じることもありますが、それを楽《たの》しみたいです。」

このとき、凱人《ときと》は17歳《さい》1か月《げつ》。四大大会《よんだいたいかい》を通《つう》じて、最年少《さいねんしょう》の優勝《ゆうしょう》でした。次《つぎ》の週《しゅう》に発表《はっぴょう》されたランキングで、凱人《ときと》は史上最年少《しじょうさいねんしょう》で1位《い》になりました。

本格的《ほんかくてき》に車《くるま》いすテニスを始《はじ》めてから、わずか七年《ねん》で、世界《せかい》の頂点《ちょうてん》にのぼりつめたのです。

2023年全仏《ねんぜんふつ》オープンで、四大大会初優勝《よんだいたいかいはつゆうしょう》のしゅん間《かん》。
よろこびをばく発《はつ》させた。

©アフロ

表《ひょう》しょう式《しき》で、準優勝《じゅんゆうしょう》のヒューエット選手《せんしゅ》と。

©AP/アフロ

コラム3

小田《おだ》凱人《ときと》 18年《ねん》間《かん》の道《みち》のり

小田《おだ》選手《せんしゅ》が生《う》まれてからこれまでをまとめました。

0歳《さい》……2006年《ねん》5月《がつ》8日《ようか》　愛知県《あいちけん》で生《う》まれる

7歳《さい》……地元《じもと》のサッカースクールに入《はい》る

9歳《さい》……左股関節《ひだりこかんせつ》の手術《しゅじゅつ》を受《う》ける。その後《ご》、リハビリをする

車《くるま》いすテニスを始《はじ》める

10歳《さい》……車《くるま》いすテニスの大会《たいかい》で試合《しあい》に初《はじ》めて出場《しゅつじょう》

11歳《さい》……右肺《みぎはい》にがんの転移《てんい》が見《み》つかる

13歳《さい》……世界《せかい》ジュニアマスターズで優勝《ゆうしょう》

またがんが肺《はい》へ転移《てんい》、手術《しゅじゅつ》をする

14歳《さい》……世界《せかい》ジュニアランキング1位《い》

15歳《さい》……プロせん言《げん》

16歳《さい》……**全仏《ぜんふつ》オープン**　四大大会《よんだいたいかい》に初出場《はつしゅつじょう》　ベスト4

全米《ぜんべい》オープン　ベスト8

楽天《らくてん》ジャパンオープン　準優勝《じゅんゆうしょう》

NEC車《エヌイーシーくるま》いすテニスマスターズ　史上最年少出場《しじょうさいねんしょうしゅつじょう》で優勝《ゆうしょう》

全豪《ぜんごう》オープン　準優勝《じゅんゆうしょう》

ジャパンオープン（福岡《ふくおか》）　初優勝《はつゆうしょう》

17歳《さい》……**全仏《ぜんふつ》オープン**　四大大会《よんだいたいかい》で史上最年少優勝《しじょうさいねんしょうゆうしょう》（17歳《さい》33日《にち》）

史上最年少《しじょうさいねんしょう》で世界《せかい》ランキング1位《い》（17歳《さい》35日《にち》）

ウィンブルドン選手権《せんしゅけん》　初優勝《はつゆうしょう》　四大大会《よんだいたいかい》で2大会連続優勝《たいかいれんぞくゆうしょう》

木下《きのした》グループジャパンオープン　初優勝《はつゆうしょう》

アジアパラ競技大会《きょうぎたいかい》　初優勝《はつゆうしょう》

日本パラスポーツ大賞《たいしょう》　受賞《じゅしょう》

全豪《ぜんごう》オープン　初優勝《はつゆうしょう》

ジャパンオープン（福岡《ふくおか》）　優勝《ゆうしょう》　2連覇《れんぱ》

18歳《さい》……**全仏《ぜんふつ》オープン**　優勝《ゆうしょう》　2連覇《れんぱ》

パリ・パラリンピック　金《きん》メダル

木下《きのした》グループジャパンオープン　優勝《ゆうしょう》　2連覇《れんぱ》

※太字《ふとじ》は四大大会《よんだいたいかい》　2024年《ねん》10月《がつ》31日現在《にちげんざい》

Dreamer

Oda Tokito

第《だい》9章《しょう》 王者《おうじゃ》のプレッシャー

「相手《あいて》に負《ま》けたのではなく、自分《じぶん》に負《ま》けた。」

最年少《さいねんしょう》で世界一《せかいいち》になるという目標《もくひょう》を達成《たっせい》した凱人《ときと》は、全仏《ぜんふつ》オープンの次《つぎ》の四大大《よんだいたい》会《かい》、ウィンブルドンでも優勝《ゆうしょう》しました。

まだ17歳《さい》でしたが、多《おお》くの人《ひと》が、凱人《ときと》を車《くるま》いすテニスの王者《おうじゃ》とみとめました。

その年《とし》の九月《がつ》、凱人《ときと》はアメリカのニューヨークでおこなわれる全米《ぜんべい》オープンに出《しゅっ》場《じょう》しました。ウィンブルドンに続《つづ》いて、世界《せかい》ランキング1位《い》としての出場《しゅつじょう》です。

1回戦《かいせん》の相手《あいて》はフランスの大《だい》ベテラン、52歳《さい》のステファン・ウデ選手《せんしゅ》でした。元《もと》世界《せかい》ランキング1位《い》の実力《じつりょく》は、50歳《さい》をこえてもほとんどおとろえていませんでした。しかも、この選手《せんしゅ》は、相手《あいて》の弱点《じゃくてん》をせめるのがうまく、精神面《せいしんめん》でのかけひきもたくみです。試合《しあい》はウデ選手《せんしゅ》がえがいたイメージのとおりに進《すす》みます。

（おれのイヤなところにばかり打《う》ってくるな。おれに得意《とくい》なショットを打《う》たせないようにしているようだ。）

凱人《ときと》は相手《あいて》の戦術《せんじゅつ》にこまりはてました。しかも、このとき、凱人《ときと》にはもう一人《ひとり》の「てき」がいました。それは「自分《じぶん》」というてきです。

これまでの凱人《ときと》は、いつもちょう戦《せん》する側《がわ》にいました。しかし、世界一《せかいいち》とは、すべての選手《せんしゅ》からちょう戦《せん》される立場《たちば》です。勝《か》って当《あ》たり前《まえ》、そんなふうに見《み》られるのが「王者《おうじゃ》」の苦《くる》しさです。

どんな選手《せんしゅ》が相手《あいて》でも、ちょう戦者《せんしゃ》の気持《きも》ちでいどむことがたいせつなんだと、頭《あたま》ではわかっていても、心《こころ》のどこかに「勝《か》たなくてはいけない」という気持《きも》ちがかくれています。

「弱《よわ》い自分《じぶん》に負《ま》けた。」

ウデ選手《せんしゅ》に1―6、1―6と完敗《かんぱい》した凱人《ときと》は、いいわけをせず、やるべきことができなかった自分《じぶん》のせいで負《ま》けた、とみとめたのです。

今《いま》まで味《あじ》わったことがないほど、くやしい試合《しあい》でした。それでも凱人《ときと》は、今《いま》のこの気持《きも》ちを絶対《ぜったい》にわすれずにいようとちかいました。

(すごく大《おお》きな負《ま》けだった。でも、このくやしさを、自分《じぶん》に負《ま》けるという、はずかしい思《おも》い出《で》を、絶対《ぜったい》にわすれてはいけない。)

熱《あつ》い気持《きも》ち、チャレンジ精神《せいしん》がなければ勝《か》てない

凱人《ときと》が次《つぎ》に出場《しゅつじょう》したのは、十月《がつ》に東京《とうきょう》で開《ひら》かれた木下《きのした》グループジャパンオープン

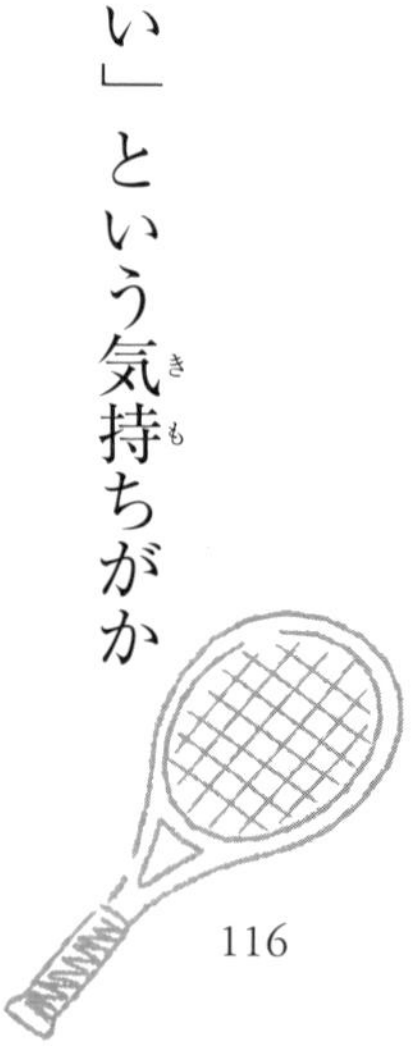

でした。凱人《ときと》の頭《あたま》の中《なか》には不安《ふあん》がありました。

（今度《こんど》も1回戦《かいせん》で負《ま》けたら、どうしよう。）

気持《きも》ちを切《き》りかえようと思《おも》っても、ふとしたはずみに、全米《ぜんべい》オープンで味《あじ》わったくやしさが、よみがえります。あの1回戦敗退《かいせんはいたい》は、それくらいショックなできごとだったのです。

しかし、試合《しあい》が始《はじ》まると、いやな記《き》おくはあとかたもなく消《き》えていました。目《め》の前《まえ》の試合《しあい》に、また、自分《じぶん》が打《う》とうとしているボールだけに気持《きも》ちを集中《しゅうちゅう》させたからです。

凱人《ときと》は決勝《けっしょう》で眞田卓《さなだたかし》選手《せんしゅ》に勝《か》ち、大会初優勝《たいかいはつゆうしょう》を果《は》たしました。この大会《たいかい》で凱人《ときと》は、大事《だいじ》なことを思《おも》い出《だ》しました。

（世界《せかい》ランキングが80位《い》くらいのころは、強《つよ》い選手《せんしゅ》をどんどんたおすぞという気持《きも》ちが強《つよ》かった。ランキングが1位《い》になっても、その気持《きも》ちをわすれてはならないんだ。そういう熱《あつ》い気持《きも》ちがなくなったら、おれは勝《か》てなくなってしまう。）

凱人《ときと》は、選手《せんしゅ》にとってもっともたいせつな、チャレンジ精神《せいしん》を取《と》りもどしたのです。

待《ま》ちに待《ま》った、ウデ選手《せんしゅ》との対戦《たいせん》

二〇二四年《ねん》一月《がつ》、凱人《ときと》は四大大会《よんだいたいかい》の全豪《ぜんごう》オープンに出場《しゅつじょう》しました。もちろん、目《め》指《ざ》すのは優勝《ゆうしょう》ですが、もう一つ、目標《もくひょう》がありました。ウデ選手《せんしゅ》に雪《せっ》じょくすることです。

前《まえ》の年《とし》の全米《ぜんべい》オープンで敗《やぶ》れてから、二人《ふたり》が対戦《たいせん》する機会《きかい》はありませんでした。でも、今回《こんかい》は二人《ふたり》とも1回戦《かいせん》に勝《か》てば、次《つぎ》の準々決勝《じゅんじゅんけっしょう》で当《あ》たるのです。

（ようやくウデ選手《せんしゅ》と試合《しあい》ができる。）

凱人《ときと》は試合《しあい》が楽《たの》しみでなりませんでした。

望《のぞ》みどおり、準々決勝《じゅんじゅんけっしょう》の相手《あいて》はウデ選手《せんしゅ》になりました。試合《しあい》の日《ひ》の朝《あさ》、凱人《ときと》は不《ふ》

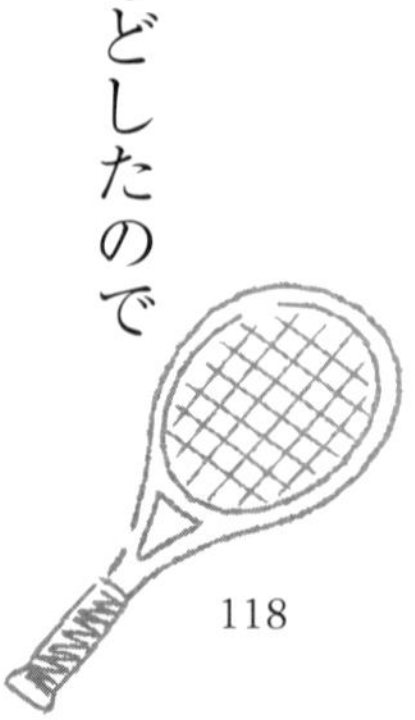

思議《しぎ》な体験《たいけん》をしました。目《め》を覚《さ》ましてベッドから下《お》りたそのときです。試合《しあい》をするスタジアムで、スーパーショットを決《き》めるえいぞうが頭《あたま》にうかんだのです。

（これはいける。）

こんなイメージがうかんだのは、凱人《ときと》の気持《きも》ちが前《まえ》を向《む》いているからこそです。ただ、ウデ選手《せんしゅ》も強《きょう》てきです。去年《きょねん》の全米《ぜんべい》のショックも、頭《あたま》のかたすみに残《のこ》っていました。第《だい》1セットを取《と》り、あと1セットを取《と》れば勝利《しょうり》という段階《だんかい》でも、まだ、きんちょう感《かん》がなくなりませんでした。

（まだまだ、どうなるかわからない。）

経験豊富《けいけんほうふ》で、かけひきもうまいウデ選手《せんしゅ》だからこそ、凱人《ときと》は最後《さいご》まで気持《きも》ちを引《ひ》きしめて戦《たたか》いました。結果《けっか》は6—3、6—1の完勝《かんしょう》でした。

いきおいに乗《の》った凱人《ときと》は決勝《けっしょう》でも最大《さいだい》のライバル、ヒューエット選手《せんしゅ》に勝《か》って、四大大会《よんだいたいかい》で3回目《かいめ》の優勝《ゆうしょう》をかざりました。

勝利《しょうり》を決《き》めたしゅん間《かん》、凱人《ときと》は鳥《とり》がつばさを広《ひろ》げるように両手《りょうて》をかかげました。

2024年全豪《ねんぜんごう》オープンで四大大会《よんだいたいかい》3回目《かいめ》の優勝《ゆうしょう》。　©Hiromasa MANO

それは、スタンドにつめかけたおおぜいの観客《かんきゃく》のはく手《しゅ》とかん声《せい》を、体全体《からだぜんたい》で受《う》け止《と》めようとしているようなすがたでした。

（熱《あつ》い気持《きも》ちで戦《たたか》うことができた。）

凱人《ときと》は、そのことがうれしくてなりませんでした。

Dreamer
Oda Tokito

第《だい》10章《しょう》 小田凱人《おだときと》であり続《つづ》ける

凱人《ときと》と書《か》いて「一番《いちばん》」と読《よ》む

凱人《ときと》は小学《しょうがく》四年生《ねんせい》のころ、学校《がっこう》の「二分《ぶん》の一　成人式《せいじんしき》」で、クラスの友《とも》だちを前《まえ》に、将来《しょうらい》の夢《ゆめ》を語《かた》りました。

「ぼくの将来《しょうらい》の夢《ゆめ》は、車《くるま》いすテニスで世界一《せかいいち》になることです。」

また、中学《ちゅうがく》二年生《ねんせい》の終《お》わりに、学校《がっこう》で「立志式《りっしき》」という行事《ぎょうじ》がありました。

「立志《りっし》」というのは、自分《じぶん》の「こころざし」、つまり目標《もくひょう》を立《た》てて、それに向《む》かって努力《どりょく》すること。立志式《りっししき》は、その目《もく》標《ひょう》を、みんなの前《まえ》で発表《はっぴょう》する学校行事《がっこうぎょうじ》でした。

凱人《ときと》が通《かよ》っていた中学校《ちゅうがっこう》では、色紙《しきし》に「人生《じんせい》で大事《だいじ》にしたいこと」を書《か》くきまりでした。

（何《なに》を書《か》こうかな。）

あれこれなやんだ凱人《ときと》でしたが、結局《けっきょく》、こんな言葉《ことば》を書《か》きました。

〈凱人《ときと》と書《か》いて「一番《いちばん》」と読《よ》む〉

中学《ちゅうがく》二年生《ねんせい》の立志式《りっしき》で。

凱人《ときと》は小学生《しょうがくせい》のころ、世界一《せかいいち》になるという目標《もくひょう》を立《た》てました。テニスの実力《じつりょく》が上《あ》がるにつれて、その思《おも》いはいっそう強《つよ》くなっていきました。一所《いっしょ》けん命《めい》にやっているからこそ、「一番《いちばん》」になる自信《じしん》もついていました。世界《せかい》一《いち》は、とてつもなく大《おお》きな目標《もくひょう》です。ところが、凱人《ときと》は17歳《さい》になったばかりで、その目標《もくひょう》をかなえてしまいます。

凱人《ときと》は、このように、自分《じぶん》の目標《もくひょう》をしっかりと言葉《ことば》にして、必《かなら》ずそれを実現《じつげん》させてきました。目標《もくひょう》や夢《ゆめ》を言葉《ことば》にすることで、自分《じぶん》のやるべきことがはっきりして、その夢《ゆめ》に向《む》かって、まい進《しん》できたのです。

中学生《ちゅうがくせい》のときには、目標《もくひょう》を決《き》め、それを整理《せいり》するために「マンダラート」をつくりました。これは、九×九のマスに、目標《もくひょう》や、それをかなえるために必要《ひつよう》なことを書《か》きこんでいくものです。

コーチの諸石《もろいし》さんと話《はな》したことをもとに、世界一《せかいいち》になるためには、このときまでにこの目標《もくひょう》を達成《たっせい》し、このときにはこの目標《もくひょう》を達成《たっせい》する、というように細《こま》かく計画《けいかく》を立《た》てました。

しかし、凱人《ときと》は、ひそかに、こう思《おも》っていました。

（目標《もくひょう》に向《む》けて、計画《けいかく》どおりにがんばるのではなく、計画《けいかく》を自分《じぶん》で追《お》いこしていかなくてはいけない。）

（おれはもっと、やれるはずだ。まわりの人《ひと》たちが期待《きたい》した以上《いじょう》のことをやってやろう。）

これは、試合《しあい》をするときの「この相手《あいて》に負《ま》けるものか」という気持《きも》ちと同《おな》じです。決《けっ》してかんたんに達成《たっせい》できるような目標《もくひょう》ばかりではありませんでしたが、それでも凱人《ときと》は、この目標《もくひょう》を上回《うわまわ》りたい、と思《おも》ったのです。

そうして、凱人《ときと》はつぎつぎと目標《もくひょう》を達成《たっせい》してきました。

（目標《もくひょう》というのは、最後《さいご》のしめきりのようなもの。自分《じぶん》が目指《めざ》す、最低《さいてい》のラインなんだ。どんどん、先《さき》にかなえていこう。目標《もくひょう》をこえていこう。）

こういう気持《きも》ちが、いつも、凱人《ときと》にエネルギーをあたえたのです。

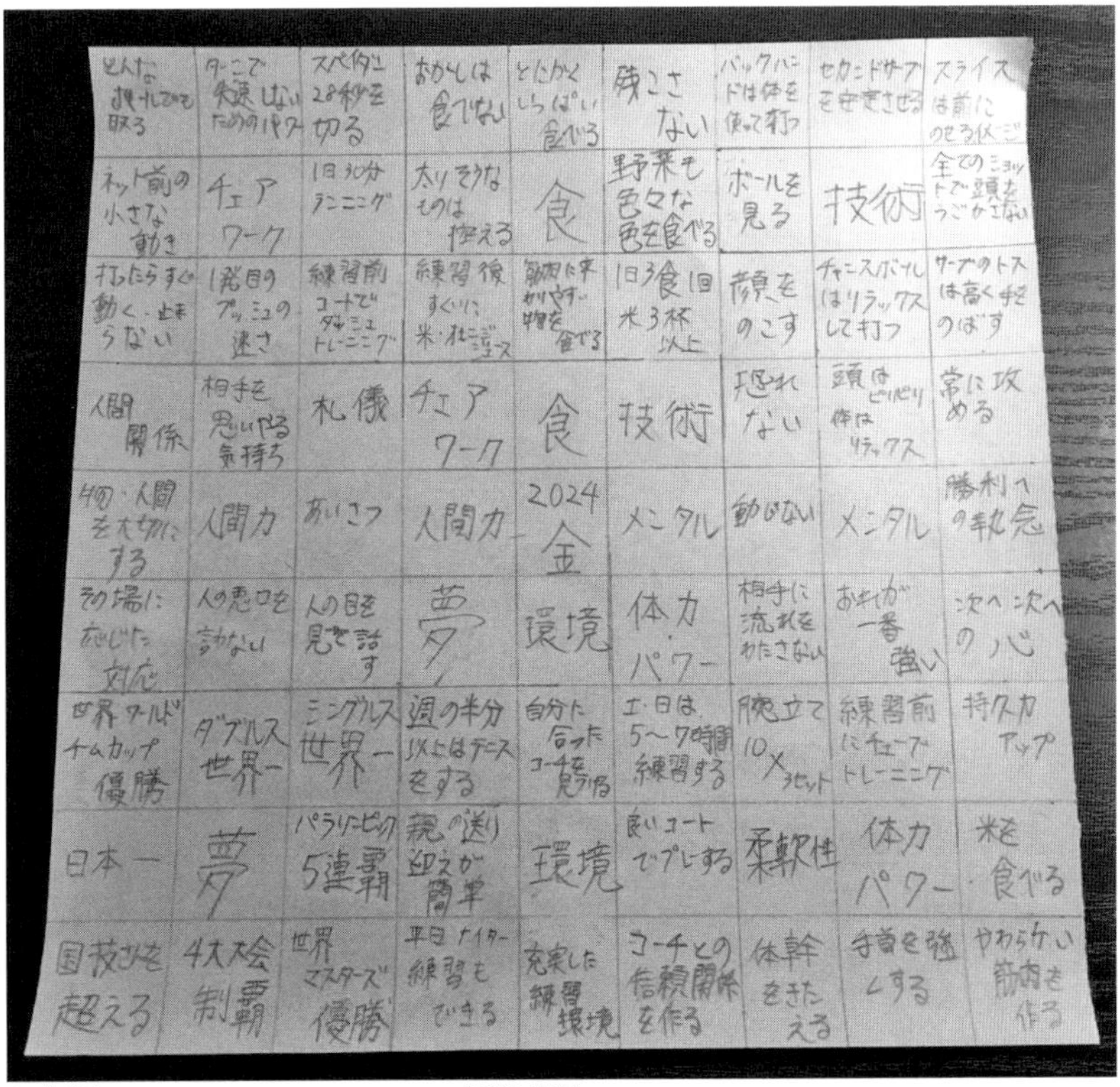

小田《おだ》選手《せんしゅ》がつくったマンダラート。中央《ちゅうおう》部分《ぶぶん》に
「2024 金《きん》」と目標《もくひょう》が書《か》かれている。

パリでパラリンピック初《はつ》ちょう戦《せん》

世界一《せかいいち》になった凱人《ときと》が、次《つぎ》にかかげた目標《もくひょう》は、パリ・パラリンピックで金《きん》メダルを取《と》ることでした。

パラリンピックは、すべてのパラアスリートにとって、特別《とくべつ》な大会《たいかい》です。テニスの四大大会《よんだいたいかい》は一年《ねん》に4回《かい》ありますが、パラリンピックは四年《ねん》に一度《ど》の開《かい》さいです。車《くるま》いすテニスを長《なが》い間《あいだ》続《つづ》けても、出場《しゅつじょう》できるチャンスは、わずか数回《すうかい》です。

ロンドン・パラリンピックで活《かつ》やくした国枝《くにえだ》さんのすがたは、目《め》に焼《や》きついています。

（それがどんなぶたいなのか、自分《じぶん》の目《め》でたしかめたい。）

金《きん》メダルをかかげる国枝《くにえだ》さんを見《み》たときから、パラリンピックは凱人《ときと》にとって、あこがれのぶたいになりました。

凱人《ときと》は、二〇二三年《ねん》におこなわれた、アジアパラ競技大会《きょうぎたいかい》で優勝《ゆうしょう》し、二〇二四年《ねん》のパリ・パラリンピックの出場権《しゅつじょうけん》をつかみました。

パリ・パラリンピックは、凱人《ときと》が二〇二二年《ねん》に四大大会《よんだいたいかい》に初《はじ》めて出場《しゅつじょう》した全仏《ぜんふつ》オープンと同《おな》じ、ローラン・ギャロスで行《おこな》われることが決《き》まっていました。これもまた、不思議《ふしぎ》なめぐりあわせです。

（日本を代表《だいひょう》する選手《せんしゅ》として、国枝《くにえだ》さんに続《つづ》きたい。）

凱人《ときと》は、国枝《くにえだ》さんの「車《くるま》いすテニスを引《ひ》っぱっていってくれ」という言葉《ことば》を、わすれることはありませんでした。また、凱人《ときと》は、このパラリンピックを、車《くるま》いすテニス選手《せんしゅ》としての「第《だい》1章《しょう》」と考《かんが》えていました。

車《くるま》いすテニス選手《せんしゅ》としての人生《じんせい》は、まだまだ長《なが》く続《つづ》きます。それが、長《なが》い長《なが》い「物語《ものがたり》」だとしたら、誕生《たんじょう》から最初《さいしょ》のパラリンピックまでが「第《だい》1章《しょう》」だ、と。

（「第《だい》1章《しょう》」のしめくくりが、このパリ・パラリンピックだ。これまでの人生《じんせい》の、いろいろなものがつまった大会《たいかい》になる。）

そう考《かんが》えて、じゅんびしてきたのです。凱人《ときと》は、これまで自分《じぶん》がやってきたことを、すべて、このパラリンピックにぶつけるつもりでした。
（テニスを続《つづ》けてきて、世界一《せかいいち》になった。でも、それは一つのステップでしか、なかった。パリ・パラリンピックで、ひと区切《くぎ》り。一度《いちど》まくを下《お》ろして、終《お》わったら、もう一度《いちど》まくが上《あ》がる。）

それくらいのかくごで、パリのぶたいに立《た》ったのです。

もちろん、金《きん》メダルは目標《もくひょう》の一つでしたが、それ以上《いじょう》に、凱人《ときと》には、目《め》に見《み》えない目標《もくひょう》がありました。

自分《じぶん》らしくあれ。

これまで、何《なに》ごとにおいても、凱人《ときと》が大事《だいじ》にしてきたのは、「自分《じぶん》らしく」ということです。

興味《きょうみ》を持《も》ったことには、なんでもちょう戦《せん》してきました。自分《じぶん》がやりたいと思《おも》ったことをやってきました。これからも、自分《じぶん》のやり方《かた》をつらぬくつもりです。

（自分《じぶん》が自分《じぶん》であることを表現《ひょうげん》したい。このことを、パラリンピックを見《み》ている人《ひと》

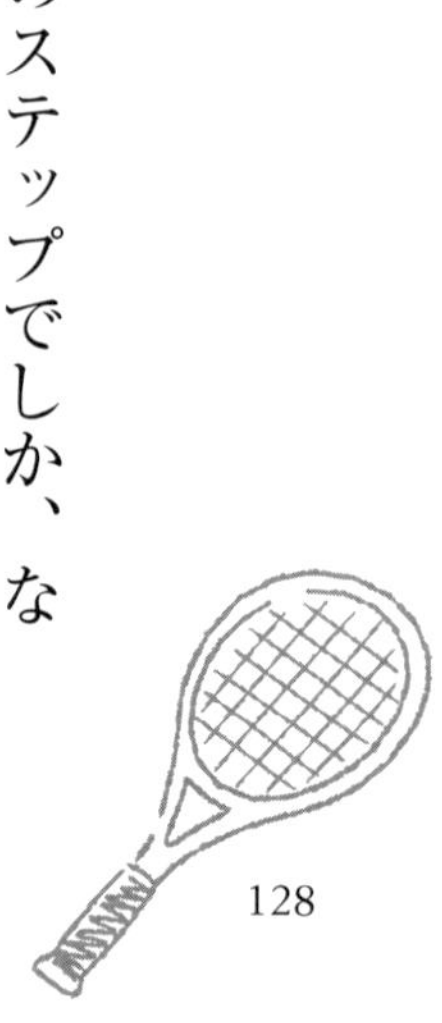

に伝《つた》えたい。）

これが凱人《ときと》の目標《もくひょう》でした。

（メダルよりも、自分《じぶん》らしく。）

「自分《じぶん》らしく」という目標《もくひょう》を達成《たっせい》できれば、もう一つの目標《もくひょう》である金《きん》メダルを、この手《て》につかむことができる。凱人《ときと》はそう思《おも》っていました。

そうして、凱人《ときと》は、パラリンピック初出場《はつしゅつじょう》で、見事《みごと》に金《きん》メダルをつかんだのです。

パリ・パラリンピックの表《ひょう》しょう式《しき》。 ©アフロ

Dreamer
Oda Tokito

エピローグ 子《こ》どもたちに伝《つた》えたいこと

次々《つぎつぎ》と目標《もくひょう》をかなえてきた凱人《ときと》ですが、一番大《いちばんおお》きな目標《もくひょう》とは、なんでしょう。
それは、プロになるときの、ちかいの言葉《ことば》にあらわれています。
〈パラスポーツをもりあげ、障害《しょうがい》のある子《こ》どもたちでも活《かつ》やくできるような世《よ》の中《なか》をつくっていける選手《せんしゅ》になること〉、そして、〈病気《びょうき》とたたかっている子《こ》どもたちの、ヒーロー的《てき》なそんざいになれるようにがんばること〉です。
初《はじ》めて四大大会《よんだいたいかい》で優勝《ゆうしょう》した、二〇二三年《ねん》の全仏《ぜんふつ》オープンの表《ひょう》しょう式《しき》で、凱人《ときと》は優勝《ゆうしょう》スピーチをおこないました。最初《さいしょ》に、観客《かんきゃく》やテレビを見《み》ている世界中《せかいじゅう》のテニスファンに、英語《えいご》でどうどうと感謝《かんしゃ》の言葉《ことば》をのべました。それから、日本語《にほんご》で、こう語《かた》りかけたのです。

「これをきっかけに、車《くるま》いすテニスをおうえんしてほしいと思《おも》います。ぼくがもっともっと車《くるま》いすテニスをもりあげて、もっと大《おお》きいスポーツにしていきます。」

この優勝《ゆうしょう》で、凱人《ときと》は世界《せかい》ランキングでも1位《い》になりました。世界一《せかいいち》になることは、もちろん大《おお》きな目標《もくひょう》でしたが、凱人《ときと》には、それとは別《べつ》に願《ねが》いがありました。

車《くるま》いすテニスを知《し》っている人《ひと》が、少《すこ》しでもふえること。そうして、障害《しょうがい》のある子《こ》どもたちが、一人《ひとり》でも多《おお》く、車《くるま》いすテニスにちょう戦《せん》してくれることです。

(自分《じぶん》がそうであったように、目標《もくひょう》を失《うしな》いかけている子《こ》どもたちに、新《あたら》しい夢《ゆめ》や目標《もくひょう》を持《も》ってほしい。)

スピーチには、そんな願《ねが》いがこめられていました。

表《ひょう》しょう式《しき》のあとの、優勝者《ゆうしょうしゃ》をかこむ記者会見《きしゃかいけん》では、こんなやりとりがありました。

記者《きしゃ》が、凱人《ときと》に、こう質問《しつもん》しました。

「おさないころに、病気《びょうき》で、とてもつらい思《おも》いをされたと思《おも》います。それを乗《の》りこえて、四大大会《よんだいたいかい》で優勝《ゆうしょう》するという夢《ゆめ》をかなえた今《いま》、どんなことを、子《こ》どもたちに伝《つた》えたいですか。」

凱人《ときと》は、こう答《こた》えました。

「まず、病気《びょうき》を乗《の》りこえたように見《み》えるかもしれませんが、乗《の》りこえたという感情《かんじょう》とは、少《すこ》しちがいます。

病気《びょうき》になったことは、あくまでも自分《じぶん》の人生《じんせい》の分岐点《ぶんきてん》でした。それは乗《の》りこえるべき「かべ」ではありませんでした。ぼくは、くじけなかったし、病気《びょうき》になったというだけで、病気《びょうき》は、自分《じぶん》がたたかうようなものでもなかったと思《おも》います。

自分《じぶん》では、それをプラスに考《かんが》えました。車《くるま》いすテニスは、障害《しょうがい》がないとできないスポーツです。そういった意味《いみ》では、ほんとうにかぎられた人《ひと》しかできません。病《びょう》

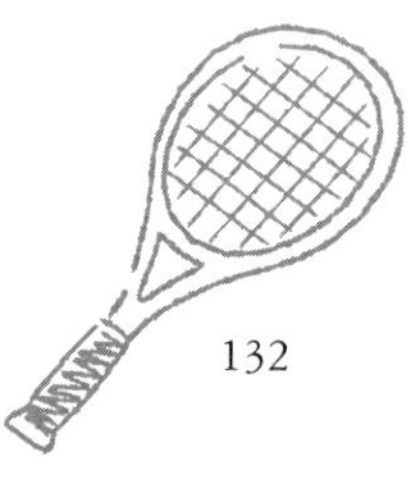

気《き》になり、障害《しょうがい》を持《も》ったからこそ、車《くるま》いすテニスができている。そして、ぼくが今《いま》、こうして注目《ちゅうもく》されているのだと思《おも》います。ですから、病気《びょうき》を乗《の》りこえたっていうよりは、病気《びょうき》は、あくまでも転機《てんき》だったという感覚《かんかく》です。

ただ、なかには、病気《びょうき》になることを、マイナスに感《かん》じてしまう人《ひと》はいると思《おも》います。自分《じぶん》も、そういうふうに思《おも》ったこともあるし、今《いま》でも、そう思《おも》うことは、たまにあります。だけど、車《くるま》いすテニスをしているときは、それをまったく感《かん》じません。病気《びょうき》になったからこそ、車《くるま》いすテニスができているので、このことについて、自分《じぶん》はラッキーだったと思《おも》っています。だから、自分《じぶん》の病気《びょうき》に対《たい》する気持《きも》ちを、多《おお》くの人《ひと》に知《し》ってほしいのです。

ぼくは骨肉腫《こつにくしゅ》なので、骨肉腫《こつにくしゅ》にかかった人《ひと》たち、なかでも少年《しょうねん》、少女《しょうじょ》のみなさんには、ぜひ、そんなに悪《わる》いことばかりじゃないよって伝《つた》えたいと思《おも》っています。自《じ》分《ぶん》のプレーでも伝《つた》えたいし、発言《はつげん》でも伝《つた》えていきたいです。

何《なに》か、がんばることが一つでもできれば、変《か》わっていくと思《おも》います。ぜひ、今回《こんかい》のぼくの優勝《ゆうしょう》や、これからの活動《かつどう》を見《み》てもらって、病気《びょうき》もそんなに悪《わる》いことばかりじゃないなと、とらえてほしいと思《おも》います。」

（スポーツに、すくわれたな。）

凱人《ときと》は、車《くるま》いすテニスとの出合《であ》いをふりかえるたびに、そう思《おも》います。

凱人《ときと》の場合《ばあい》は車《くるま》いすテニスでしたが、もちろん、車《くるま》いすバスケットボールでも、パラ陸上競技《りくじょうきょうぎ》やパラ水泳《すいえい》でも、どのパラスポーツでも同《おな》じです。

スポーツでなくてもいいでしょう。今《いま》、病気《びょうき》とたたかっている子《こ》どもたちや、なやみを持《も》っている子《こ》どもたちには、夢中《むちゅう》になれること、自分《じぶん》がいちばんがんばれる何《なに》かを、見《み》つけてほしいのです。

初《はじ》めて世界一《せかいいち》をつかんだしゅん間《かん》から、時間《じかん》がたち、凱人《ときと》の考《かんが》えは少《すこ》し変《か》わりました。今《いま》、凱人《ときと》が目《め》を向《む》けるのは、病気《びょうき》の子《こ》どもや障害《しょうがい》のある子《こ》どもたちだけではありません。

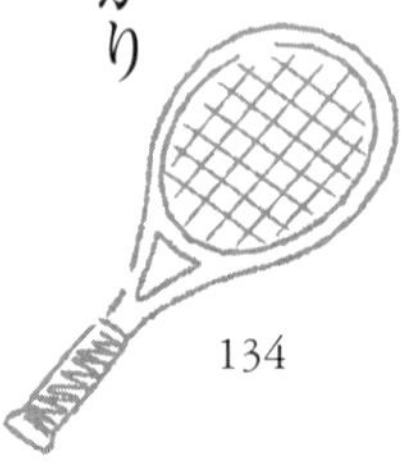

（病気《びょうき》の人《ひと》や障害《しょうがい》のある人《ひと》も、そうでない人《ひと》も関係《かんけい》なく、だれもがあこがれるような、ヒーローになる。）

これが、今《いま》の凱人《ときと》の目標《もくひょう》です。自分《じぶん》が戦《たたか》うすがたを見《み》て、何《なに》かにちょう戦《せん》しようと思《おも》ってほしい、その目標《もくひょう》に向《む》かって歩《ある》き始《はじ》めてくれたらいい。それが、車《くるま》いすに乗《の》ったヒーロー、凱人《ときと》からのメッセージです。

小田 凱人（おだ ときと）
2006年5月8日、愛知県生まれ。9歳のときに骨肉腫になり車いす生活に。10歳から車いすテニスを始め、数々の偉業を最年少で達成。2023年、全仏オープンでグランドスラム史上最年少優勝（17歳33日）と最年少世界ランキング1位（17歳35日）を達成し、ウィンブルドンも制覇。2024年には、全豪オープン優勝、全仏オープン2連覇。さらにパリ・パラリンピックで史上最年少金メダリストになり、名実ともに、車いすテニス界をけん引するトッププレイヤーとして活躍している。東海理化所属。世界シニアランキング1位、世界ジュニアランキング1位（2024年11月25日現在）。

秋山 英宏（あきやま ひでひろ）
テニスライターとして雑誌、新聞、通信社で執筆。国内外の大会を現地で取材する。四大大会初取材は1989年のウィンブルドン選手権。主な著書に錦織圭との共著『頂点への道』（文藝春秋）。現在、日本テニス協会の広報部副部長を務める。

夢《ゆめ》を持《も》つ、夢中《むちゅう》になる、あとは かなえるだけ
車《くるま》いすテニス小田凱人《おだときと》

2025年 2月 4日　第1刷発行

文／秋山英宏
特別協力／小田凱人
装丁・デザイン／タカハシデザイン室
表紙写真／アフロ
カバー袖写真／Hiromasa MANO
イラスト／合資会社イラストメーカーズ
協力／一般社団法人トップアスリートグループ

発行人／川畑勝　編集人／中村絵理子
企画編集／曽田夏野　編集協力／山本耕三
DTP／株式会社アド・クレール
発行所／株式会社 Gakken　〒141-8416　東京都品川区西五反田2-11-8
印刷所／株式会社広済堂ネクスト

●この本に関する各種お問い合わせ先
本の内容については、下記サイトのお問い合わせフォームよりお願いします。
https://www.corp-gakken.co.jp/contact/
在庫については　Tel 03-6431-1197（販売部）
不良品（落丁、乱丁）については　Tel 0570-000577
学研業務センター　〒354-0045　埼玉県入間郡三芳町上富279-1
上記以外のお問い合わせは　Tel 0570-056-710（学研グループ総合案内）